原家の砂時計

居場所を求める
百年の旅路

篠田顯子
Akiko Shinoda

悠書館

目次

第Ⅱ部　時のながれ

ブエノス・アイレスの原家

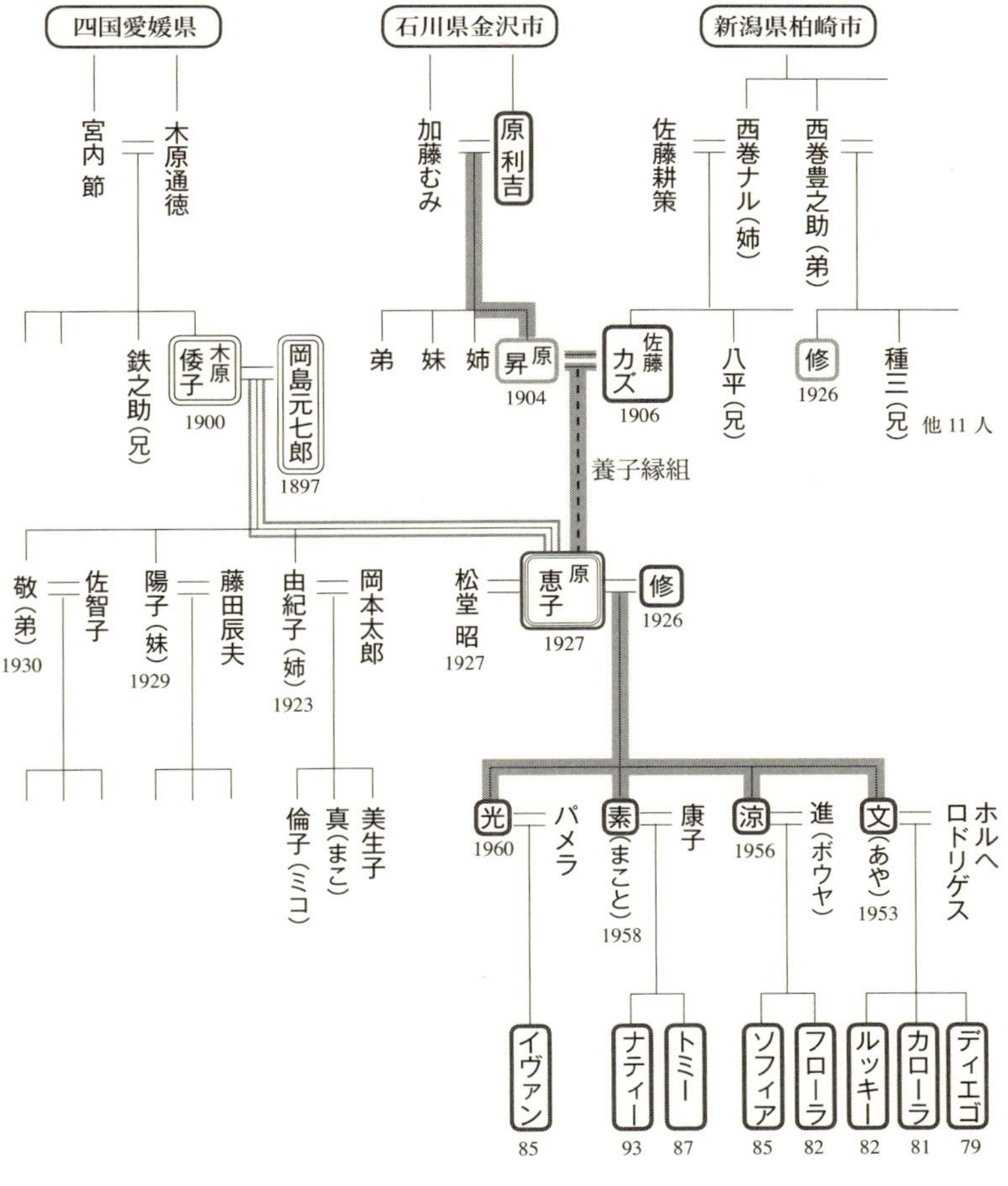

序章　百年の旅路

「『原家の砂時計』――いいタイトルですね」。

「でしょ?!　私も初めて聞いた時、これこそ探していた題だ!って、もう嬉しくて、有難くて。実はこの題、亡くなった修《おさむ》さんが夢の中であやちゃんに告げたタイトルなんですよ」。

東日本大震災の後、思うところあって、私は南米アルゼンチンに住む原恵子さん一家を訪ねていった。もうすぐ八十五歳になる恵子さんと私の接点は、一九四三年の二月、私が生まれる半年前にさかのぼる。船会社に勤めていた私の父は社命でシンガポールに派遣され、その時の上司が恵子さんの父上だった。二人はしだいに戦況が悪化する大戦末期の二年間をシンガポールで過ごし、日本では留守をあずかる二家族もお付き合いをはじめた。

戦争が終わってまだ日も浅い一九五〇年、二十三歳の恵子さんは、ブエノス・アイレスの日系人名家、原昇・カズ夫妻の養女になるためアルゼンチンに渡った。それから五年後、今度はブエノス・アイレス支店長に任ぜられた父について私たちも当地に行き、恵子さんに再会した。彼女は日本から迎えた修さんと結婚して、文《あや》ちゃんと涼ちゃんという二人の女の子のママになっていた。私は思春期に入ったばかりの十二歳だった。両家の関係は父の任期が終わって私たちが帰国してからも続き、半世紀後の今日に至る。

今回の大震災で大勢の人が故郷を失い、同じ日本の中とはいえ、彼らにとっては「異郷」に移住せざるをえなくなった。そんな彼らを見るにつけ、人はどうやって新しい「ふるさと」を見つけていくのかという命題に私は強く心を寄せるようになった。十代の大半を父の仕事ゆえ、不本意ながら「異郷」で暮らし、その後は自らの選択で外国人と結婚して久しく「故郷」を離れていたが、結局、最後には日本に舞い戻ってしまった私にとって、これは自分自身の長年のテーマでもあった。

私には外国で暮らす日本人の友人が多い。日本を離れて半世紀以上たった今も、どこを終の棲家にするか決めかねて両国を行き来する人もいれば、外国に住むことを選んで、日本国籍を放棄した人もいる。いずれにせよ、外国で生きることには複雑な思いが伴う。

私は恵子さんのことを思った。彼女にとって「ふるさと」とはどこなのだろう。あの遠い昔、彼女は本当になぜ万里の波濤を越えてアルゼンチンに行ったのか。そしてその後の長い年月を、どんな思いで過ごしてきたのか。日本とは彼女にとって何なのだろう。それが知りたくて、私は皆に呆れられながらもブエノスに向かった。

実はその秋、私は体調が悪かった。「この旅で、ひょっとしたら死ぬかもしれない」。ふと、そう思ったこともある。が、「いや、そんなことはありえない。死ぬなんてことは、私には起こらない」と、どこかでおめでたく信じている自分がいた。ニューヨークでの乗り継ぎ待ち時間を入れて約三十五時間、確かにうんざりする長旅だが、未踏の高峰登頂やアマゾンの奥地密林の川下りを試みるわけでもない。いたって安全で文化的なブエノス・アイレスに行くだけのこと。それでも、ひょっとしたら無事帰ってこられないかもしれない……と不安がよぎったのは、糖尿病や肺塞栓の既往症に加えて、パーキンソン病のはじまり、あるいは乳ガンの骨転移？　と思うほど足腰が痛く、歩くのが大儀な日があったからだ。ハードだけれど充実した仕事に心も体もパワーをもらって、いつまでも若い、「人一倍馬力がある」と、ついこの間まで思っていた私なのに……。

本当ならアルゼンチンなどに行かず、入院して徹底的な全身チェックと治療を受けるべきなのだろう。しかし買った飛行機のチケットは変更の効かない割引商品。乗らなければ、そのまま失効してしまう。そうなれば私は二度とアルゼンチンに行くこともなく、新しいスタートを切ることもできない。六十代の後半に入り、私は私なりに、愚かしいかもしれないが切羽詰まったわけがあったのだ。

行こう。死んだら死んだで、それもまた運命。生きていてやらなければならない人も私にはもういない。親はずいぶん前に亡くなったし、子は結婚して三人の元気な子の母となり、ほどほどに安定した暮らしをしている。親としてもうこれ以上してやれることはない。三十年前に離婚した夫もシドニーで元気にやっているようだ。

いま私は本当に自由だ。人生でこれほど自由なことはなかったと思うほど、好きなように生きられる時に来たのだ。「中年以降の特権は、冒険してもいいということ、いつ死んでもいいということ」とどこかで読んだが、まさにその通り。

こうして私はブエノスに飛び、三週間にわたり恵子さんやあやちゃんら子供たち、孫たちの話を聞いて一冊の原稿にまとめた。それは、往復四万キロの空間とおよそ百年という時間の中を行く大旅行だった。


日本に戻ってきて一週間、新聞で「これは得たり！」という記事に出会った。池澤夏樹が連載している『終わりと始まり』、今回は「人口減少」についてだ。推計では、五十年後には日本の人口は今の三分の二まで減る。人びとが産んで育てることをしなくなったからだ。

人口過剰になると、個体間の生存競争が激しくなる。パイの取り分を確保するため人口が増えないようにしようにも、生殖に伴う快楽は捨てがたいから子供はできてしまい、育てられないから嬰児殺しとなったのが昔だ。そんな中、避妊技術の開発は画期的な意味をもたらした。快楽と生殖の分離が完成し、快楽は許すが生殖は「ノー」ということが可能になって、中国では「一人っ子政策」が推進された。

「惨めな人生や中断される人生より最初からない人生の方がましだ」というのだろう。そして先進国では、自分の都合や安楽のために、強制されなくても自らの選択で子孫を残すことをやめるという現象が出てきた。池澤はこう結論づけている。

「日本の人口減少は年金制度の崩壊などというレベルの話ではない。核戦争がなく、原発事故がなく、食糧危機がなくても、我々は個々のわがままなふるまいの故に未来を失ってしまった。やがて静かに地上最後の日本人がいなくなる日が来る」。

ブエノスで原家の織りなす大家族の歴史に触れてきたばかりの私に、この言葉はいつも以上に強く心に響いた。

そんなことを考えながら原稿の完成に精を出している最中、あやから来たメールを読んで「あっ!」と声を上げた。郵送した第一稿へのコメントや私の追加質問への答えが中心だったが、最後の方にこんなくだりがあった。

「それはそうと!　おとつい久しぶりに父が夢に出てきました。元気だった頃の父の姿で。父が夢に出てきてくれる時の服装はいつもワンパターンで、白いワイシャツにズボンのサスペンダー。出会いの場所はあのサエンズ・ペニャの家のパティオです。私は夢中になって本のことを話しているのです。アキコさんが日本から来て、私たちについて本を書いている。すごい本になりそう、と一生懸命に報告しているのです。随分しゃべったようですが、目を覚ましてはっきり覚えているのは、涼ちゃんのアイデアで、タイトルは『百年の旅路』になったと言ったら、父が『原家の砂時計』とつぶやいたのです」。

「これだ！」その瞬間、私は心の中で叫んだ。『原家の砂時計』！　これこそ私が探し求めていた題だ。まるで天の啓示のように降り立ってくれたこの題を興奮して受けとめながら、私は不思議な感慨に胸が熱くなった。「修さんは生きている！　生きて、この本を創るのに参加してくれている」。

苦労や心痛の多いなか若くして亡くなった修さんを、私はどこかやるせない思いで見てきた。気の毒な人生だったのではないか……。でも！、そんなふうに思う必要はない。修さんは死んでなんかいない。彼はどこかで全てを見て、全てを理解していて、だからこんなに的確な言葉を贈ってきてくれたのだ。

おそらく全てはあやの潜在意識が生み出したものと理解すべきなのだろう。でも私には、あやのどこに、どのようにして「砂時計」などいう意識が入りこんだのか想像もつかない。あるいは、あやはやはり、ちょっと霊媒的な存在なのか？

「死んだ人は生きている者が忘れない限り生き続ける」という言葉が、これほど生々しく私を悩ませたのは、初めてだった。

私の脳裏に昇お祖父さんの荘厳な書斎に置かれた立派な砂時計が見えてきた。古風で大きな砂時計。音もなく砂粒が落ちて時の流れを砂山に築いていく。全部落ちてひと山できたらひっくり返して、また新たに時を刻みはじめる。そして、また。また。また……。

横にはこれまたみごとな古い地球儀が置いてあった。

GUILLERMO ENRIQUE HUDSON

ALLA LEJOS

y

HACE TIEMPO

〔ウィリアム・ヘンリー・ハドソン『はるかな国、とおい昔』のスペイン語版の挿画〕

第Ⅰ部

恵子

あるぜんちな丸（1930 年代）

第一章　多生の縁

アルゼンチンでの幼少期

恵子は一九二七年三月一〇日、岡島元七郎と倭子《しずこ》の次女として生まれた。元七郎が大阪商船株式会社（現商船三井MOL）の香港支店に勤務中のことで、この日の日記に彼は次のように記している。

「十二時一寸過ぎた頃、産婆並びに付き添ひ来らる。午前三時十五分第二女安産せり。先日来絶えず曇り勝ちのお天気にも拘らず、赤ん坊の初声を上げた時珍しくも美しい月が輝いてゐた。この赤ん坊の一生を照り輝かすかの如くに」。

一生を神より恵まれた人になるようにとの願いをこめて、赤ん坊は「恵子」と名付けられた。夫婦にはこの後、三女の陽子と長男の敬が生まれ、長女の由紀子を含めた四人きょうだいは、明るく笑顔の絶えない母と、温厚で子煩悩な父の愛をいっぱいに受けて幸せな日々を送る。ヴィクトリア・

ピーク近くの広い庭のある立派な社宅で中国人の女中《アマ》を使い、社交や教会の活動、日本人学校設立運動など、当時の日本、ましてや二人の出身地、四国伊予では考えられないような、華やかで充実した英国領香港での日々だった。

およそ十年にわたる香港勤務のあと、元七郎は大阪商船の南米東海岸航路の発展のため、アルゼンチンのブエノス・アイレス支店に栄転となり、一九三一年、恵子が四歳の時、一家は七十五日の船旅を経てブエノスにやってきた。想像していた南の未開地どころか、日本などよりはるかに近代的でヨーロッパ風の美しい街に、倭子は安堵した。

アルゼンチンといえば草原のガウチョ、インディオ、アンデス山脈のインカ帝国、よく言っても征服者スペインの田舎といったイメージしかなかったが、実は十九世紀後半の移民法制定や西欧化を推し進める自由主義政府の政策でヨーロッパからの移民が大量に増え、一九一四年には国民の約三〇パーセントが外国出身者。第一次大戦後は、戦争で疲弊したヨーロッパからさらに知識人や文化人らもやってきて、首都ブエノス・アイレスはコスモポリタンな「南米のパリ」といわれていたほどだ。当時世界三大劇場の一つといわれた「テアトロ・コロン」も建設され、岡島一家がやってきた一九三〇年代初めは政治も経済も安定していて、世界第五位の富裕国となっていた。

それから八年近いブエノスでの生活は、親子六人が揃って一緒に暮らせた最も楽しい時代だった。恵子は当時住んでいた家について、こう回想している。

“南米のパリ” といわれたブエノス・アイレス

「大きな門を開けると、そのままガレージに車が入った。私たちの入る小さな門には三七四九番地と書いてあり、『みなよく』だねと父や母に言われた。みなよく勉強する、みなよく遊ぶ、みなよく喧嘩する。そのどれに当たるかな、と」。

健全で幸せな家庭生活は一九三八年、変化を迎える。恵子が十歳ぐらいになってから、しきりに日本に帰って勉強したいと言うようになり、元七郎たちも『婦人之友』の創刊者で尊敬する教育家、羽仁もと子が夫の吉一と創設した「自由学園」で子供たちを学ばせたいと強く思ったからだ。

「でも、もう少し待てない？　一〜二年したらパパは日本に転勤になるから、そうしたら皆で日本に帰れるわ。それまで我慢して待って。そのかわり今してほしいことがあったら、何でもしてあげるから」と言う倭子に、「じゃあ、パーマネントをかけさせて」と要求する恵子だった。結局、十五歳の由紀子と十一歳の恵子はその後親元を離れ、東京で学園生活をはじめた。姉の由紀子は当時をこのように振返っている。

「恵子はね、とてもしっかりした子で、七、八歳頃にはもう自分の意見や考えをちゃんと持っていたわ。医者になりたいとか、ナイチンゲールのように病人を助けたいとか。医者になるためにドイツ語も勉強しなくちゃ、なんて言ってましたよ。母が自由学園に入れるため私たちを連れて一時帰国したのは、恵子にせがまれてなの。私はむしろお父さん、お母さんと一緒にいたかった。私は恵子とは対照的で、もっとふわふわと楽しく生きていたの、これといった野心もなくてね。恵子は物事をどんどん自分で決めていったけれど、私は何でもお母さんに相談していたし。ピアノが大好きだったから、ピアノさえ好きなだけ弾けて、家族皆で仲良く暮らしていければ、それでもう十分だったの」。

いずれにせよ、家族が全員揃って楽しく暮らせる日々は世界から日増しに遠のきつつあった。ヨーロッパでは戦争の暗雲が立ちこめ、ついに一九三九年九月、イギリスとフランスがドイツに宣戦布告、第二次世界大戦に突入した。その直前の八月、元七郎に大阪本社への転勤辞令が届き、ブエノスでの生活は終わりを告げた。

ブエノスでの八年間、元七郎は仕事に励み、倭子はそんな夫を支えて社交や家事育児に精を出した。確かに。しかしそれだけではない。倭子は四国松山のミッション・スクールを卒業する前にクリスチャンの洗礼を受けており、確固たる信仰を持っていた。そんな倭子の影響もあって、元七郎も結婚十年目に洗礼を受けた。二人にとってブエノスでの唯一の不満は、カトリックが国教なので、プロテスタント系の教会が少ないこと、ましてや日本語で礼拝できるところは一つもなかった。しかしそこで諦めてしまう二人ではない。ないのなら自分たちで作りましょうと、持ってきた内村鑑三や矢内原忠雄らの聖書註解書を使って、誰でも参加できる家庭礼拝をはじめた。間もなく子供たちのための日曜学校もはじめ、さらに日本から移住してきてタンゴと酒とバクチで憂さ晴らしするしかない青年たちのために、元七郎は聖書の集会もスタートさせた。これらが母体となって、やがて「ブエノス・アイレス日本人キリスト教会」が設立された。

日系人移住者

そもそもアルゼンチンに正式に日本人がやってくるようになったのは、一八九八年に日本・アルゼンチン友好親善条約が締結されてからだ。一九〇四年には初めての政府派遣海外実習生として大学卒業生が二人到着、翌〇五年には日本人貿易・雑貨商のはじまりといわれる滝波文平がやってきて、ブエノスの目抜き通りに、日露戦争の英雄にちなんで東郷商店（Casa Togo）を開いた。

この戦争に先立って、アルゼンチンは要らなくなった軍艦二隻を日本に譲渡しており、これが「春日」と「日進」と名を改めて日露戦争で活躍、またガルーシア提督が観戦武官として戦争に立ち会うなど非常に親日的な国だった。

一九〇八年、最初の移民船笠戸丸が七八〇人の移民を乗せて南米にやってきた時、うち一六〇名がブエノスで下船している。パナマ運河がまだ開通していなかったので、船は喜望峰経由で来た。ブラジルやペルーに渡った移民は集団計画移住制度のもと、コーヒー農園に入植して壮絶な苦難をなめさせられたが、アルゼンチンへの移住者は個人でやってくる自由渡航が中心で、都市の労働者になる者が多かった。初期の移住者は衣食住の確保のため白人家庭の奉公人となったり、工場労働者や港湾労働者になって暮らしを立てた。日本人は礼儀正しく清潔であると見られ、奉公人として好まれた。

東郷商店はその後モンテビデオやサンパウロにも店を広げ大成功、他にも大小さまざまな日本人貿易商が生まれた。ボタンや電球を作る製造業、味噌や醤油の醸造所、鉄工場、洗濯業、カフェ経営などに進出する者も増え、郊外で野菜や花の栽培にたずさわる者も出てきた。「洗濯業の先駆者」中村ツタは笠戸丸でブラジルに来たが、その後アルゼンチンに再移住し、白人家庭で女中として働いてから洗濯業を起こして成功し、一九三九年に故郷の熊本に錦を飾っている。これが日本人移住者の理想で、滝波文平をはじめ、成功すると故郷に帰る者が多かった。

しかし錦を飾れる人は限られており、大半の者は海外雄飛の志を果たせず、場末のボカやバラッカス界隈の長屋から工場に働きに出る日々を繰り返していた。体をこわしてしまう者も少なくなかった。岡島家がいた頃のブエノスには、そういう人たちも含め、日本人が六千人近くいたという。元七郎は彼らを救いたいと思った。

倭子も同じ思いだった。彼女は羽仁もと子が創刊した『婦人之友』の「友の会」ブエノス・アイレス支部の結成に奔走し実現させた。会では『羽仁もと子著作集』の読書会をしたり、「家庭は簡素に、社会は豊富に」との理念のもとに家事の工夫を学んだり、奉仕活動を展開させたりした。それも大使館や商社関係のエリート婦人だけでなく、定住している移民女性の参加も呼びかけ、活動に広がりと厚みをもたらした。

アルゼンチン生まれの二世が日本語を解せず、一世の親たちが寂しい思いをしていることを知るや、

岡島元七郎・倭子夫妻と子供たち。前列左が恵子。昭和13年ごろ、ブエノス・アイレスにて

彼らの住む下町に出向いて日本語指導をはじめたり、老人や病人を見舞ったりするようにもなった。「よくよその小さい子供を預かっていて、柔らかく炊いたお粥やジャガイモをつぶしたものを根気よく食べさせた」と恵子は回想しているが、倭子は見舞い先に小さな子供がいて親が面倒を見てやれそうにない時は、その子を自宅に連れてきていたのだ。その活動はやがて田舎で働く農業移民や結核を患って奥地の療養所で暮らす日系人の慰問にも及び、ついには元七郎や日本人会を動かして、彼らのために療養所を開設するまでに至った。こうした二人の活動に賛同し熱心に協力してくれたのが、彼らより二年ほど前にブエノスに来ていた原昇・カズ夫妻だった。

昇は一九二八年、東京商科大学（現一橋大学）を卒業してから、先に移住していた父利吉が創立した貿易商「原商会」（Casa Hara）の経営を継ぐため二九年、二十五歳の時に新婚の妻カズを伴ってブエノスに来た。都市型実業家移民の走りとして成功した原商会は日本人会の重鎮で、岡島家がブエノスに赴任してきた時も住まい探しを依頼されるなど、最初からかかわりがあった。年齢的・知的にも近い二組の夫婦はその後、聖書集会や教会設立、「友の会」運動で支え合い、信頼関係を深めていった。子供のいない原夫妻は恵子たちをとても可愛がり、大草原パンパスにある彼らの別荘に子供たちはよく泊まりにいった。

こうして、それまで全く別々の歴史を歩んできた二つの家族の道が交わり、岡島恵子と原昇・カズ夫婦の運命の糸がつながった。

十一歳になって自由学園に入るまで海外暮らしが続いた恵子の生い立ちは、当時の典型とは程遠い。家では日本語、学校は英語、遊ぶ時はスペイン語。バイリンガルどころかトライリンガルの生活だ。一九二一年から三九年までほぼ二十年間を外国で過ごした岡島夫妻の過ぎ来し方も特異である。しかし彼らは決して生まれながらのエリートではない。

一八九七年商家の長男として四国の伊予に生まれた元七郎は、本来ならこの地方の風習にのっとって教育は小学校までというところを、あまりにも成績優秀だったので校長が親を説得し、松山商業学校に進んだ。そしてトップで卒業すると、世界の海を行く大阪商船に迎えられた。地方の学校にとって大変な名誉だったという。

倭子は一九〇〇年、今治きっての由緒ある家に生まれたが、幼くして父を亡くし、母の実家で育った。家柄が良いので学校卒業と同時に次々と縁談が持ちこまれたが、彼女は実は、兄の友人元七郎に思いを寄せていた。しかし、家の格が違うということで結婚は許されない。元七郎は入社後間もなく海外勤務を命じられ、遠いボンベイにいた。倭子はこのまま伊予にいたら、むげに断ることのできない縁談が来てのっぴきならぬ事態に陥るのではないかと恐れ、思い切った行動に出た。京都帝大で勉強していた兄のもとに身を寄せ、事務員として働きながら元七郎を待ったのだ。やがて元七郎の香港支社転勤を機に結婚を許され、一九二一年、倭子は一人で香港に発った。人生を受け身に生きるただのお嬢様ではなかった。

元七郎たちの帰国の翌年、一九四一年十二月八日、真珠湾攻撃をもってついに太平洋戦争の火蓋が切られた。攻撃作戦成功の報に日本中が沸き、日本は必ず勝つと意気軒昂。阪神間の高級住宅地夙川にある岡島家でも、冬休みで東京の自由学園から戻っていた由紀子と恵子らを迎えて、穏やかな四二年の元旦が祝われた。

「六時起床、一同宮城遥拝、皇軍に対する必勝祈願、感謝の黙礼、朝の礼拝後食卓につく。小生四十六歳、母七十歳、倭子四十三歳、由紀子二十歳、恵子十六歳、陽子十四歳、敬十三歳の新春を迎ふ。明朗たる新年なり」と元七郎は記している。

その彼が昭南島と改称されたシンガポールに社命で渡ったのは、それから一年ほどたった四三年二月のことだ。軍の要請で、海運四社が日本軍占領地域間の物資輸送円滑化のため南方運航という会社を設立し、元七郎ら大勢の社員が出向したのだった。戦局は一年前と比べると明らかに悪化していた。

さらに交わる運命の糸

シンガポールには、同じく大阪商船から派遣されてきた部下、篠田義雄がいた。元七郎より一回りほど若く、妻と五歳を頭に三人の子供たちを日本に残し、間もなく四人目が生まれようとしていた。

倭子にとってこの一家は夫の部下の留守宅である。彼女は六甲山ふもとの夙川から、篠田の家族が疎開していた南大阪の富田林まで電車やバスを乗り継いで、時どき留守宅見舞いに訪れた。一方シンガポールでは、夫たちが日増しに悪化する戦況のなか、物資の調達と輸送に奮闘していた。筆まめな元七郎が家族に書き送っている手紙には、「篠田君」という名前が頻出している。それまでお互いの存在さえ知らなかった二つの家族が、ある場所ある時間を部分的にでも共有することで不思議な糸で結ばれていく、そんな出会いの可能性がここでも開かれていった。

四五年、二年の任期が終わる頃には、日本の敗北はシンガポールの二人には明らかだった。マニラは連合軍の手に落ちて日本人は玉砕、東支那海も連合軍の制空海下にあり、帰国の途は閉ざされたと見えた。「一日一日生きてゆく日が縮小しつつあることが意識せられて、寝つかれない日々が来た」と篠田は書いている。そんななか、元七郎に、安全を保証された病院船で帰国する機会が与えられた。「大分気にされて『先に帰って本当にすまないね』という事を何度も口にされたが、私は重荷がおりた気持ちがしていた」と篠田。マニラと同じようにシンガポールが戦場となり、自分たちも銃を取らされるようになったら、クリスチャンの岡島氏はどうされるか、篠田は頭を悩ませていたのだ。

四月一日、「岡島さんは数日後に敦賀の港に着かれる予定です」という思いがけない知らせを会社から受けて、元七郎の留守宅は感謝と歓喜で沸き立った。有名な建築家ウォーリスの手になる美しい洋館、庭では水仙が楚々と咲き、チューリップの蕾も膨らみ、夙川の土手の桜並木は満開だった。この日のために大切にとっておいた心尽くしの御馳走。靴の音で外へ飛び出し、電話の音に「それっ、お父様よ！」と走り寄った。しかし元七郎は姿を現さない。次の日も、その次の日も。ついに四月十七日、病院船「阿波丸」は奇しくも四月一日に、台湾海峡で米潜水艦に撃沈されたという正式発表があった。二千人以上の乗客乗員中、生存者は一人だけだった。元七郎享年四十八。


一家を知る人たちは打ちのめされた。神様はひどい。神様のためにこんなに尽くしてきた一家に、これは残酷すぎると泣いた。しかし倭子は訪ねてくる人たちが驚くほど安らかな表情で、いつもと同じように聖書を読み、讃美歌を歌い、祈りを捧げた。そして、どうぞ神様を恨まないで、神様は常に最善をなさるのだからと言った。その場に居合わせた人たちは、目の前に生ける神が立っておられるかのような名状しがたい体験をし、顔を上げることができなかったという。これが本当の信仰なのだと。倭子は「お父さんは地上でのお勤めを終え、神の国に戻られた、私たちもいずれそこで再会できるのだから」と子供たちを励ました。

この時のことを倭子は手記の中でこう述べている。

「一羽の雀も神様の御許しなくば地に落ちず、一枚の木の葉も御ゆるしなくば散りません。まして私どもにとり無くてはならないただ一人の良人であり父親を神様は故なくして御聖国に召し給う筈はありません。多くの友は神様の御旨が分からない、神様はきっと計算を間違えて十年早く彼を召し給うたのだと申されました。然し私は神様の為さる事は必ず二二が四であり、二三が六であり、必ず割り切れるものと信じます。神様には決して計算違いはありません。為し給う事は常に最善であり、与え給うものは常に最上であります」。

倭子の信仰の篤さは、元七郎との間にはぐくんだ深い信頼関係と無関係ではないだろう。この年の二月、飛行機で帰る人に託した元七郎の家族への手紙は、感動的でさえある。

「……自分としては永生と復活を信じさせて戴いてゐる恩寵を感謝して日本人として、信者として、立派にと望むがそれが叶へられず、名もなき野に倒れるとも確信の中に大いなる希望を以って最後まで義務を果たしたい。貴女のみを愛し続けて来た今までの状態の儘で、この地上での歩みを終へたいと願っているのです。だから殊更に此の世の栄誉は少しも望んでゐない。その辺の事はクドクド書かなくても僕の心は貴女が一番よく知ってゐてくれるから止そう。永生の前には一日は千年の如く、千年は一日の如しで、『一人で二年や三年位は』と貴女から励まされた言葉が常に忘れられない。今日迄もどんなにか励まされ慰められて来た事か…。一切はお委せして進めばよいのですね。後の事は凡て祈りの中に貴女が運んでくれる故安心である。されば再会の日を待たう。此の世にてか来世にてか我れ知らず、主のみ知り給ふ。母上、子供達、皆の上に御恩恵豊かならん事を祈りて。倭子殿、昭和二十年二月七日夜、昭南郊外ブリゼーバーグ、元七郎」。

本当に愛し信頼し合っていた夫婦だった。これが最後の手紙となり、事実上の遺書となった。遺書については、倭子が後に出した元七郎追悼文集『聖旨のままに』で、篠田がこんなことを書いている。

「阿波丸で帰られる日が近づいた或る日、二人で又何か話しているとき岡島さんは沈んだ口調で『篠田君、どう思うかね』と突然きかれた。何の事か解からず『何ですか』とお尋ねすると『阿波丸の途中は…心配ないかね』と意見を聞かれたのだった。私は即座に『大丈夫でしょう。相手は信用していいんではないですか、やぶれかぶれの日本とは違うでしょう、信義はあると思いますね』とお答えしたら、吾が意を得たように『うん、そうですね』とおっしゃった。…岡島さんには何か消えない不安があったようだ。『遺書はいりませんよ』と申し上げたら、朗らかに『何時かの仇討ちかね』とおっしゃった。私が近隣諸島へゆく時、万一の場合に備えて岡島さんにあずけていった遺書の入れてあった二個のトランクを無事帰ってから頂いた時、『とうとう遺書は役立たなかったね』と冷やかされた事との関連であるが、よもやあのような結果になるとは…」。

安全の保証された病院船で日本に向かった元七郎と、もう自分はたぶん帰れないだろうと覚悟して残った篠田。皮肉なもので、元七郎は亡くなり、篠田は生きて終戦の冬、日本に帰ってきた。篠田が日本の敗戦を知ったのはスマトラ島にいた時だ。後年彼は、この時のスマトラからの脱出劇を例に、日ごろの準備と正確な情報をいち早くつかむことの重要さをこのように語っている。

「日本の敗戦が分かったら直ちにシンガポールに向けて脱出することを、一緒にいた友人とあらかじめ決めていた。そのためのボートも確保して水辺の茂みに隠しておいた。敗戦国日本の人間とわかったら、現地の人に何をされるかわからない。日本降伏の情報を短波放送で得るや隠し場所に走り、友人を待った。しかし彼はなかなか現れない。時間はどんどん経っていく。明るくなったら逃げ出せない、もう彼を置いていくしかないか、と焦りが頂点に達した頃やっと彼が駆け込んできて、二人は夜目にまぎれて無事海に漕ぎ出すことができた。そして一昼夜かけてマラッカ海峡を渡ってシンガポールに行き、英国軍捕虜収容所に出頭した。暴徒から身を守るためには英軍の施設が最も安全と判断したからだ。マラッカ海峡は翌日から全面通行禁止になった。あの夜逃げ出していなければスマトラで足止めを食い、そのうちに現地当局に拘束されて最終的にはインドネシアに連行され、バンドンへの死の行進で命を落としていたかもしれない。多くの日本人がそうであったように」。

会社からも「あきらめてくれ」と言われていた篠田の思いがけない帰還に、「シノダはんや！　シノダはんが帰ってきやはった！」と、妻子が疎開していた一族の田舎の家は天地がひっくり返るような大騒ぎ。驚異と歓喜の再会だった。しかし、突然目の前に現れその日から一緒に住むことになったこの痩せて背の高い男は、父親だと言われても意味が把握できない二歳の末娘には恐怖だったらしい。しばらくは、その男の顔を見ると「こわい、こわい」と泣いたという。

荒地を突き進んで

そのころ元七郎の遺族は、六甲山系の裏側にある三木市志染《しじみ》村からさらにずっと山奥に入った荒地で、開拓生活に入っていた。戦争は阿波丸遭難からおよそ四ヶ月後に終わったが、この間、阪神間への空襲は激しさを増し、倭子はご縁のあった志染のクリスチャン稲葉氏の離れに疎開させてもらっていた。落ち着いたら、月に二回、子供たちのために日曜学校を開いてほしいという稲葉氏の要請は、「退職したら農業をしながら農村伝道をしたい」と言っていた元七郎の意思を実践に移す良い機会だと思えた。

折から、志染の国有林で入植者を募っているという話を聞き、神は進むべき道を示されたと倭子は確信した。村からさらに一時間も山奥に入った大谷の荒地数千坪で、もちろん電気も水道もない。幸い岡島一家と付き合いの深い二家族が、一緒に入植して理想の共同体を作りましょうと申し出てくれた。農業経験のない者たちにこんな荒地が手に負えるはずがないと村人たちは呆れていたが、倭子は「これまで神様のお考えだと信じてやったことは、アルゼンチンでの教会や療養所作りをはじめ何でもやり遂げてきた、今回も神様がやり遂げさせて下さる」と信じて疑わなかった。

終戦の夏が終わると、下の三人は自由学園に戻っていった。多少の貯金や夫の退職金で学費や生活費はどうにかなりそうだ。夙川の家は進駐軍に接収され、倭子は学園を卒業して帰っていた由紀子を手伝わせて、荒地への引っ越し準備を進めた。日本は未曽有の戦後混乱期にあり、町は焼け野原で、人びとは家も食べるものもなく、苦労の極みにあった。大谷にはどうにか食べられるものがあったし、なによりも平和で美しい自然があった。

開墾は大変だった。群生する笹や杉の木を取り払い、堅い地面に一鍬一鍬入れていく。冬は地下足袋を通して伝わってくる冷たさに娘たちが泣き出すこともあれば、夏は炎暑のもと流れ落ちる汗をぬぐい、手の豆がつぶれるのも我慢して働いた。一番の問題は水。井戸もなかったので、敬があちこちに掘った深い穴に雨水を溜め、それを漉して沸かしたものが飲み水になった。

開墾生活時代の山の家（1946 〜）

それにしても、倭子の気持ちの切り替えはみごとというほかない。香港やブエノスであれだけ華やかな在勤員夫人の生活を続けてきた人だ。レースの服や毛皮をまとい、帽子と手袋でシックに決めている写真が数多く残されている。それが今、境遇の激変を嘆くこともなく、座りこんでしまうこともなく、皆を引っ張って厳しい開墾生活にひたすら励んでいる。子供たちもよく協力してくれた。労働を厭わず何でも自分たちでするという自由学園の教育が、この地でみごとに威力を発揮してくれたのだ。

教員時代の恵子

元七郎の死から一年後、由紀子は香港時代の幼なじみ岡本太郎と婚約。四七年三月には、由紀子の結婚と入れ替えに恵子が学園を卒業して戻ってきて、志染小学校の教諭になった。寒い冬の朝早く、自転車で三十分かけて学校に行く。どんなに追っ払っても飼い犬のカピが猛スピードで追ってきて、学校が終わるまで職員室でおとなしく待っていた。家に帰ると休む間もなく、今度は農作業だ。非常な資材不足にもかかわらず、四七年の暮れには村の人たちの協力で、ついに家も建った。神は必要なものは必ず備えて下さると倭子が信じた通り、簡素な平屋ではあるが日曜学校用の部屋もあった。そして四八年には、予想より十年も早く電気がついた。

皆の努力でやがて五反近くの畑が耕され、大八車の通れるような道もつき、兎や鶏もいる農園が少しずつできていった。村人たちは「あの敢闘ぶりは並みの人ではない。あの力はどこから出てくるのだろう」と驚き不思議がった。いかにも楽しそうに働く兄弟同胞のような共同体。日曜学校に通ってくる子供たちの数もどんどん増えていった。

恵子は人気教師だった。外国に住んだことがあり、英語ができ、ピアノが弾け、そのうえ美人で明るい。親御さんたちのたっての願いで、恵子のクラスはそのまま持ち上がりになったこともある。生徒たちは山奥の質素な家にもよく遊びに来た。アルゼンチンから持ち帰った絨毯が敷いてあり、ソファや手作りパッチワークのカバーが掛かったベッドのある洋風生活は、子供たちには見知らぬ外国に来たようにわくわくする体験だったのだろう。

遊びにきたのは子供たちだけではない。仲間の先生や西洋文化に憧れる若者たちもやってきて華やいだ。恵子にはちょっと好きな同僚先生もいた。最悪の悲劇で愛する父を亡くし厳しい開拓生活をしながらも、そのうちに人が好きになり、生きていくことが楽しくなる。その健全な若さと回復力で、人は前に進んでいけるのだ。

第二章　行く道の選択

「私たちの娘になってください」

ブエノスの原家から、「私たちの家の子になりませんか。本気で考えて下さい。私のケリーダ・イハ（愛する娘）になってくれることを夢見ています」という手紙が来たのは、そんな頃だった。

ある日学校から帰ると、「恵ちゃん、こんな手紙が来たんだけど……」と困惑げに母。戦争中は手紙も出せなかったのがやっと普通に戻り、お互いの状況が分かるようになっていた。大半のラテンアメリカ諸国が、大戦中は連合国との協調を重視したのに対し、イタリア系移民の多いアルゼンチンは枢軸国への好意的中立の姿勢をとり、日系人の財産没収や強制収容はなかった。特に四三年に発足した軍事政権で労働大臣になり、後に大統領に就任したファン・ペロンは親日的で、日系人を重用した。原商会は貿易商に加えて布地の製造と販売にも手を広げ、繁盛していた。

カズには子供ができず、後継者としてついに養子をもらうことを決めた。養子縁組は家や商売を継ぐために珍しいことではなく、あまり抵抗はなかったのだろう。親戚関係で何人か候補者が挙げられたが、できることなら小さい時からよく知っている恵子に来てもらいたいと言う。そこには、父を亡くし敗戦で貧窮を極める日本から恵子を救い出したいという気持ちもあったのかもしれない。それでも突然の話に母はびっくりし、恵子にとっても青天の霹靂だった。

ブエノス？！　大好きなブエノス、あんなに楽しかった豊かな日々。もちろん、いつかまたぜひ行きたい。でも、日本を離れて永久にブエノスに住むとなると、話は別だ。全く……別だ……。いや、本当にそうかしら？　何も見知らぬ国に行くのではない。よく知らぬ家に行くのでもない。あんなに可愛がってもらった原家に行くのだ。日本の中の見知らぬところへ行くよりずっといいんじゃない？　お母さんのそばを離れるのはとてもつらいけれど、いつか結婚したら離れなければならないのだし……。恵子の気持ちは複雑に揺れ動き、とても簡単に決められることではなかった。太郎と結婚してすでに自分の家庭を持っていた由紀子は次のように回想する。

「原家からお話が来た時、恵子には他にも色々お話があったの。恵子は明るくて可愛くて、あっさりテキパキしていて、皆から好かれていたわ。母としてはそんな恵子を手放すのはとても残念だったでしょう。このまま日本にいてくれたら日曜学校のことや、いずれ母が手掛けようとしていた老人ホームのことでも、どれだけ心強い手助けになってくれることか！　恵子は家中で一番しっかりした子だったの。一番よくできた子。自由学園では委員長に選ばれて活躍したし、抽斗の中なんかもいつもピシッと整理整頓が行き届いていて、本当に有能で頼もしかった。でもだからこそブエノスの教会の仕事や原家のために、恵子を捧げるべきだと母は思ったのじゃないかしら」。

夫と二人で作ったあの教会、友の会、結核療養所……。別れる時に教会の仲間たちから贈られ、今も大

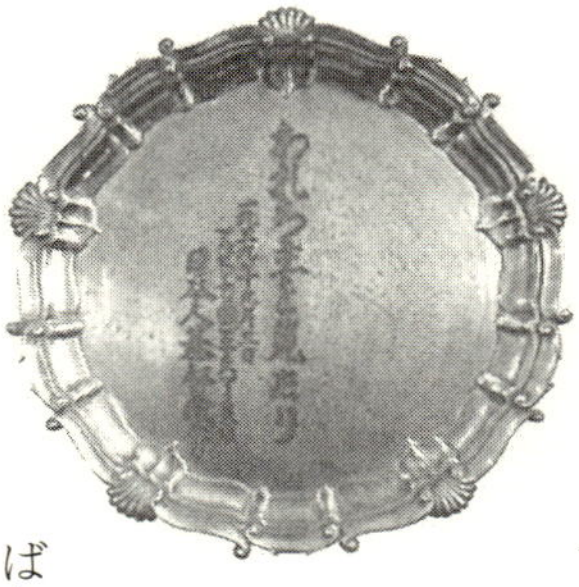

切に飾ってある「われら主を見たり」と刻まれたアルゼンチン特産の銀の盆の前で祈って祈って祈りぬいて、倭子は恵子が願うのなら自分は引き留めようとせず、ブエノスの教会に恵子を差し上げようと決心した。「母は自分たちが始めた教会や友の会のことを思い、遠くに離すつらさを我慢して私を手放したのです。まず原家のよい娘になること、そして教会のためよい働きができるようになること、そう言われました」と恵子は回想する。先がどうなるか分からぬ戦後の苦しい日本に引き留めておくより、豊かな前途ある国で羽ばたかせてやりたいという気持ちもあったのかもしれない。恵子としても、自分が選ばれたという晴れがましさや、海外での生活への憧れも少なからずあっただろう。

一九五〇年九月五日、恵子は原家から送られてきたパンナム機のチケットで、十二年ぶりのブエノスに飛び立った。出発前に上梓した夫岡島元七郎追悼文集の中で、倭子はこのように夫に報告している。

「恵子はこれまた奇しきお導きでブエノスの原様御夫妻の子供として近日渡亜いたします。ブエノス教会の第一回受洗者、貴方が信頼して居られた原様御夫妻をお父様、お母様とお呼びする恵子の上に御霊の御力を祈るばかりです。此の子は北京の生活学校へ捧げようとよく話し合って居りましたが、神様は思ひがけない所に用ひ給ふのでございますね」。

恵子も同じ追悼集の中で父にこう呼びかけている。

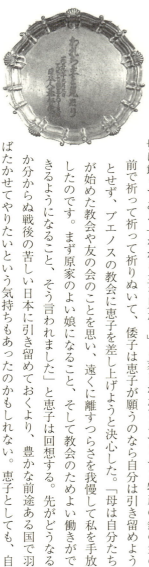

「私は近くこの愛する家庭を去り又祖国を去って万里波濤の彼方、ブエノスへ旅立とうとして居ります。苦しい生活ではあったが常に私どもの憩の場として安らかないとなみを与えてくれたこの大谷の家に別れをつげて、四季折々の草花で私どもを包んでくれた野山に別れをつげて。ブエノスこそお父さんが生涯の大半の力を注がれた、お父さんの思い出と切っても切れない所です。あのなつかしいブエノスへ。そしていつも可愛がってくださった原さんの子供として。本当に夢のような気がします。勉学の志を立てわずか十一歳で父母の膝下を離れて日本に帰った私は、再び希望にもえてブエノスへ帰っていきます。…お父さん、恵子はきっと強く正しく生き抜くため努力いたします」。

そして、ブエノス到着後記した旅の手記『空の初旅』で、このように高らかに宣言している。

「私共は大きく目をひらき世界の水準におくれてならない。世界いづこに行っても正しくよい生活のできる一人でありたい。私は家にあってはよき娘として、世にあってはよき社会人となるため、新しい出発をした」(五〇年十二月)。

行く所知らずして出て行きしアブラハムのごとく

倭子の生き方には、信仰を持つ者の絶対的な強さが現れている。夫が非業の死を遂げた時も、「神がなされることは常に最善である」と死を受け入れる。水も電気もない山奥の荒地にも、神が示された道だからと迷うことなく入植していく。そんなことはできっこない、暴挙だとまわりから言われても、「これまで神様の意思だと信じてやったことは皆やり遂げられた」と動じない。そしてまわりの村人たちが「並みの人ではない」と畏敬の念を抱くほど着実に、しかも楽しそうに開墾の重労働に励む。この頃のことを倭子は夫への「その後の便り」で、こう回想している。

「八谷様も一緒にやりませうとおっしゃって下さって、おたがひに行く所知らずして出て行きしアブラハムの如く、私どもは只行けと命ぜられて備へられたこの荒地に入って参りました……　この谷間こそカナンの地と信じて八谷様・永井様方に扶けられて今日に至りました。荒野の旅は今日も尚続けられております。よくも子供達がついて来てくれてゐると感謝に耐へません」。

恵子の母・倭子（1968年）

旧約聖書によると、イスラエル民族の祖アブラハムは神の言葉に従って繁栄する故郷も親族も捨て、行く先も分からぬ危険な遊牧の旅に出た。何十年も荒野を彷徨い続け、その末たどり着いたのが、「乳と蜜の流れる」約束の地、カナンだったという。岡島家ら三家族は、この入植地こそ彼らのカナンの地と信じて、群生する笹や杉と格闘したのだ。信仰とは信じること、つまり迷うことをしない、ということだ。神へのこのような絶対的信仰を岡島倭子はその後も生涯を通して持ち続け、まわりの者を驚かせ続ける。目指すところは神の御国であり、地上は仮住まい。地上の家にもモノにもあまりこだわりや執着はない。外国であれ自国であれ、祈る場所があればどこでも暮らせる。故郷も必要ない。故郷は神の御国なのだから。そういう倭子だったから、恵子を手放せたのかもしれない。

その頃の倭子をよく知る若い女性が、「いわゆる聖人臭さの少しもない、ユーモアに富み、若々しく柔軟な心を持った方だった」と倭子を評し、さらに次のように語っている。「愉快なことがお好きで、よく楽しいジョークが飛び出して、一緒に笑ったものでした。類まれな率直性と勇気と情熱をもって、一直線に目的に向かって進まれた小母様は真の意味での幸福な方でした」。

人のあまり行かない道

進むべき道は選ぶまでもなく神により示されたとはいえ、何もしないでただ待っていたのではない。倭子はよく祈った。恵子を欲しいと言われたときも、祈って祈って祈りぬいて、恵子の意思に任せるという答にたどり着いた。この祈りとは読経や瞑想とも似ていて、日常の喧騒から離れて理性や意識の活動も休ませ、自分を空っぽにする営みではないか。初めは雑念が次々と浮かんでくるが、それらが出尽くした頃、奥深いところに埋もれていた本質が浮かび上がってくる。倭子は、それを「神の言葉」と受けとめたかもしれないが、じつはこれまで聖書を読むことで心の中に蓄積してきた「聖書の言葉」だったのではないか。神は愛する御子イエスを手放して地上につかわされた、という言葉も含めて。

しかし信仰もなく神や聖書の言葉もほとんど聞こえない者たちには、示される道などない。常に迷い、悩みながら自分で選んでいくしかない。恵子は敬虔なクリスチャンだったが、彼女の手記や話からは、「これこそ神が示された道」と受け止め，宗教的な確信を持ってアルゼンチンに行った様子はうかがえない。昔住んでいた大好きな街だから。養父母となる原夫妻はその時可愛がってくれた懐かしい人たちだから。両親の作った教会のために貢献できれば、亡き父も喜んでくれるだろうから。戦争で荒廃した貧しい日本と違い、豊かな生活が提供されているから。そういった様々な要因に押し流されるようにして、彼女は結局行くことを選んだのだろう。

しかしその代償として、戦後の苦しい生活とはいえ、あれほど結束が強く仲の良かった家族、また矢内原忠雄や黒崎幸吉ら無教会派の人たちと親しく付き合う知的に恵まれた環境を後にすることとなった。二つの選択肢があり、そのどちらかが魅力も未練もない場合には選ぶのは簡単だ。しかしどちらも大切で諦めたくない場合は、苦渋の選択となる。アルゼンチンに向かう準備をしながら、恵子は結局人生とは何を得るかより、何を失うかの選択でもあるという思いを噛みしめていた。

アメリカの桂冠詩人ロバート・フロストの作品に、"The Road Not Taken"（わざと行かなかった道）という詩がある。

Two roads diverged in a yellow wood
And sorry I could not travel both
And be one traveler, long I stood
And looked down one as far as I could……

黄色い森の中で道が二つに分かれた

残念だが両方とも旅することはできない
私の身はひとつ、だから長くその場に立って
一本の道を先の先まで目を凝らして眺めやった

詩はさらに続く。「この道は柔らかい落ち葉に覆われ／人の歩いた足跡も見える／簡単に歩けそうな道だ／でも私はもう一方の荒れた険しい道を行くことにした／なぜなら草が生い茂り／どうぞ私の上を歩いて踏みならして下さい（Because it was grassy and wanted wear）と呼びかけているようだったから／これが、私の人生の全てを変えた」

両方の道は同時に歩めない。なら、いつかまた戻ってきてもう一方の道を歩けないものか……いや、人生にはそんな贅沢は許されていない。一度一つの選択をすれば、一生最後までその選択の結果と共に歩んで行くしかない。踏みならされた道への誘惑は強い。その方が楽だ。しかし、踏みならされた安全な道より、挑戦の精神を発揮して、人のあまり行かない道（road less travelled by）に挑みたい。それが若者ではないか。恵子も「大きく目を開き、世界どこへ行っても正しくよい生活のできる人間でありたい」と言っていたように、若々しい抱負を抱いて飛び立っていったのだろう。

日々の生活の中での小さな選択

人生の岐路に立ち、重大な選択をしようとしていることを意識して進むべき道を決める時もあれば、そんな意識など全くなく、ごく普通に日々を送っていくなかで、実は知らずして人生が決まっていくことも

ある。

たいして行きたくもない集まりに出席し、そこである人に出会った。あるいはその集会である情報を小耳にはさんだ。それが結果的には自分の進むべき道に多大の影響を与えた。もし、あの日、あの集会に行っていなければ……。もし、あの日、普段はめったに通らないあの道を偶然通っていなければ……。たった一つの「もし……」がことをスタートさせ、次々とその延長線上で枝分かれして新たな「もし」を生み出していき、その都度、何らかの行動を取ることで人生はどんどん展開していく。しかし、あの日、あの集まりに行くことにした「私」は、それが「私」の人生を大きく変える選択になるとは、これっぽっちも思っていなかった。

人生とは、「もし」の連続体。今日大した意識もなく取った行動が次に来るものを規定し、明日を決めていく。出かけたら出かけたで運命Aとなり、何もせず家にいたらいたで、別の運命Bにつながっていく。知らずして、瞬間瞬間、私たちは選択をさせられてしまっているのだ。これが重大な選択であると意識しながらとった行動も、じつは日々の生活のなかで起こる無数の小さなことの集積が最後の一押しとなり、決断させたものかもしれない。

もしあの日、恵子がちょっと好きだと思っていた同僚がふとあんな表情を見せていなければ……。もしあの日、母倭子がふとあんなことを口にしていなければ……。もしあの時、忘れ物を取りに部屋に戻っていなければ……運命の振子は、ひょっとしてひょっとしたら、そのまま日本に留まるという方向にふれていたかも知れない。偶然は運命なのか。

一粒の麦もし死なば……

自らが望み、亡き父にも「希望に燃えてブエノスへ帰っていきます」と宣言した恵子であるが、さすがに飛び立つ朝は別離の悲しみで、祝いの膳は何一つ喉を通らなかった。が、羽田では自分でも驚くほど冷静に荷物やパスポートの検査を終え、見送りに来てくれた人たちに囲まれて微笑んでいた。ともすれば胸の底からこみあげてくる熱いものを必死で抑えながら。やがて「蛍の光」のメロディーが流れてきて、一人ひとりに心をこめて最後の挨拶をした。しかし母にだけは何も言うことができず、ただ手を握ってひとこと、「お母さん、体に気をつけて……」。飛行機へと足を運ぶなか、一度だけ振り返って、笑いながら手を振った。爆音と共に滑走しはじめた飛行機の中から最後に見出したのは、じっと下を向いて祈る母の姿。その瞬間、すべての風景は涙で遮られてしまった。

母から渡された手紙を取り出して、読みはじめた。一行読んでは涙をふき、また一行読んでは涙をふく恵子を見て可哀そうに思ったのか、隣に座っていた映画界の人気男優が「お嬢ちゃん、一人でどこまで?」と優しい声をかけてくれた。やがて「富士山が見える!」という声がして、皆総立ちになった。本当だ、何と美しい! 恵子は自分に言った。「日本は戦いに敗れた。けれど私は日本人であることに大きな誇りを感じる。あの気高く美しく、そして雄大なる富士の姿こそ私共の憧れであり、日本人の在るべき姿ではないか」。母の手紙の最後には、美しい毛筆でこう書かれていた。

「一粒の麦地に落ちて死なずばただ一つにてあらん。若し死なば多くの実を結ぶべし。日出づる国、愛する祖国、苦難の中にありて新しき平和の国新生を祈りて」。

プロペラ機のこの時代、太平洋横断にはまずウェーキ島、そのあとハワイ、そしてサンフランシスコと、二日かかった。夜中に着いたウェーキ島で、恵子は寂しさを漏らしている。

「今夜この星を見ながらお母さんも私のことを思い出して居られるだろう。別れてきた愛する人々はどうしているだろうか。全ては神様の創造し給うた宇宙ではないか、その中で人間は逢ったり別れたりしなければならない。別れる悲しみのない天国のくるのはいつであろうか。もっともっと強い心を持たなくてはと、涙を拭いて大きく息を吸い込んだ」。

書類に不備があって少し足止めを食ったからでもあるが、アルゼンチンへの旅が十二日間もかかったというのは、ある意味ではよかったのではないか。その間に日本への思いも吹っ切れて、新しい地への心の準備が徐々にできていっただろうから。

第三章　ブエノスでの新生活

恵子を迎えたもの

一九五〇年、十二日間の空の旅を終えてブエノスに着いた恵子は、市中心部に近い古い住宅地のルイス・サエンズ・ペニャ街にある大きな家で生活をはじめた。歴史的な建物も多い地区にあるこの家は、ヨーロッパの町中に建つ住宅によくあるように歩道ぎりぎりまで建物が来ており、家の中に中庭やパティオがある。道路に面した建物の正面真ん中に大理石の階段が数段、それを上がると重厚な玄関がある。建物は灰色のコンクリートと石でできており、二階建で屋上と地下室がある古い作りだ。原商会は戦争で日本や中国との貿易ができなくなると、布地工場を作って、質の高い繊維製品をアルゼンチン全土に手広く売るようになった。市中ベルグラーノ大通りに間口十六メートル、奥行き五十メートルの大きな店舗を構え、終戦後日本が疲弊していた頃、日本の有名商社が間借りしていたこともある。

原商会の一代目にして昇の父でもある原利吉がブエノスに渡ったのは，今から百年ほど前の一九一四年頃だったらしい。直接彼を知る人はもう誰もいないし資料もほとんどないが、恵子の次女で利吉の曾孫娘に当たる原涼が次のようなことを書いている。

「随分幼かった頃、昇お祖父ちゃんから聞いた話です。しかも、クレオパトラの悲恋の相手はナポレオンであると思い込んでいたようなそそっかしい子供でしたので、幾らかの勘違いや早とちりが入っていると思われます。

お祖父ちゃんはなぜブエノス・アイレスに移住したのかの話に移る前に、そのお父さん、すなわち利吉曾お祖父さんが、いかにしてブエノス・アイレスを選んでやってきたのかということからはじまります。十九世紀末、原家は金沢市でかなりの資産家として知られていたそうです。金沢市の某神社の鳥居に原家の名が彫られているのを見たことがあります。その原家で利吉曾お祖父さんは何男だったか、長男ではなかったはずです。写真でしか会ったことがありませんが、先見の明がある元気いっぱいの実業家だったと聞きました。

二十世紀初期に利吉曾お祖父さんは家族とともにカリフォルニアへ移って、オレンジ畑に投資したそうですが、当時のアメリカでは黄色人種に対して風当りが強かったため考え直して、メキシコに移住しました。昇お祖父ちゃんの生まれは一九〇四年ですから、その直後であると思われます。ちなみにお祖父ちゃんは金沢生まれです。メキシコで生まれたとは聞いていません。メキシコに移ったのは良かったのですが、今度はサパタ革命によって財産を接収されそうになったので、次の投資先はブエノス・アイレスと決まったそうです。ロシア革命以前のことで、一九一四年あたりではないでしょうか。

気候も良いし人種差別もない、果ては革命もない（これは利吉曾お祖父さんの考えがちょっと甘くて、革命はちゃんとあります）、台風もなければ地震もない、国民は温和で世界で一番住みやすいところというわけです……家族を引き連れ、日本から見ればこの世の果てであるアルゼンチンへ移住したパイオニア精神には、改めて頭が下がる思いです」。

恵子はこのような歴史を持った原家に入ってきた。戦後まだ日の浅い日本と比べると、ブエノスははるかに豊かでシンデレラ姫のような生活だったという。昇は恵子をたいそう気に入って大事にし、カズが焼きもちを焼くほどだった。いくら養女とはいえ、うら若い二十三歳の乙女が突然ぱっと花が咲いたように中年夫婦の生活に加わり、夫はいそいそと楽しげに世話をする。まだ四十四歳のカズはやはり複雑な気持ちだっただろう。

ブエノスに着いた最初の夜、昇は「一人で寝るのは寂しいだろう、自分たちの部屋で一緒に寝よう」と、恵子のベッドを夫婦の寝室に移して、三人で川の字になって寝た。長旅をしてきた恵子はきっと一人でゆっくり休みたかっただろうが、昇にとっては親子の縁固めの儀式だったのかもしれない。しかしこれはカズには明らかに気に入らなかったと見える。二、三日してベッドを恵子の部屋に戻してからも、昇は夜になると部屋にやってきて、「今日は何をした？　どんな一日だった？」としばらくおしゃべりをしていく。カズはいらいらして待っている。そしてそのうち「もう寝ましょうよ、いつまでそこにいるの？」と呼びに来た。田舎の別荘に行く時も、昇は車の中で恵子を運転する自分の隣に座らせた。カズは犬と一緒に後ろの席だ。これも気に入らない。「いいから、私が後ろに座るから」と恵子は気を使って、半ば強制的に席を交換した。

カズは一九〇六年、新潟県黒川村で生まれ、旧姓は佐藤カズ。東京に遊学させてもらって実践女子専門学校で学んだ時代のエリートだ。兄の佐藤八平と昇が学友同士だった縁で昇と結婚、料理でも何でもじつによくできる人で、倭子は恵子が嫁としてちゃんと務まるか心配していた。かつてカズは倭子の影響を受けて教会に行きはじめ、最初に洗礼を受けた一人だ。整理整頓に長けており、きれい好きで塵一つない玄関、ピカピカに磨き上げた真鍮の手すり。また規則正しい生活が好きで、突然客を連れてきたりすると機嫌が悪かった。親戚の子供が遊びにきても、もう少し優しくしてあげればいいのにと思うほどそっけない。口数が少なく、大きな声で楽しそうに笑うこともない。真面目で、上品な美しい風貌の人だった。「直接言い合いをすることはなかった、私が遠慮していたから。意地悪もされなかった。でも、どちらかというと冷たい人で、勝気で自分のすることはすべて正しいと思い込んでいる節があった」と恵子は回想。

再び日本へ——婿探し

日本を出る前にできたらお婿さんを見つけて婚約してきてほしいと原家から言われていた。自分は大学出のエリートという意識が強い昇は、原家の後継者として日系移民ではなく、本国から有望な青年を望んだのだろう。恵子は両親の郷里松山出身で神戸大学卒、いい会社に勤務中の青年とお見合いをした。長男だけれど弟がいるので、アルゼンチンに行ってもいいと言う。まわりは商会を継ぐには適任者、しっかりしていて、やる気も満々、と勧める。しかし会ってみて、恵子はあまり気が進まなかった。商会後継者としてはよくても、夫としては気持ちが弾まない。しゃべり方や仕草が好きじゃない。顔も恵子好みの端正さに欠けていて、決定は持ち越しとなった。

一年半後、結婚相手を決めるため原夫妻と日本に戻ってきた時、その人は会いに来てくれた。もうすっかりブエノスに行く気になっていて、出立を楽しみにしていた。しかし再会して恵子はもう迷うことなく

「この人とは結婚できない」と思った。その人の持つ雰囲気に、以前よりいっそうはっきりと違和感を覚えたのだ。

じつは恵子の頭の中には、一年半前日本を出る時に会った原カズの従弟、西巻修《おさむ》のイメージが残されていた。新潟県柏崎の実家から上京して、カズの兄であり修にとっては従兄に当たる佐藤八平の家から明治学院に通う学生だった。出発前夜泊まった五反田の佐藤家から、羽田に向かうバスが出る雅叙園まで恵子のスーツケースを運んでくれた青年で、感じのいい人だなと思った。彼がスーツケースを「持ってあげましょう」ではなく「持たせていただきます」と言ったのを、倭子は倭子で「なんと謙虚で礼儀正しい青年なのだろう」と感心している。その彼は、今では大学を卒業して大手百貨店に勤めていた。「あの人ならいい……」と恵子は周囲にもらした。

カズの母と修の父は姉弟で、カズと修は年の離れたいとこ同士だ。修は恵子より一歳年上で、満州の奉天で生まれた。父は味噌や醤油を作る大きな工場を持っており、修は十二番目の子供として何不自由なく育った。戦争がはじまり、末期には修も兵隊にとられて、終戦後は捕虜としてシベリアに送られた。収容所では多くの仲間が死んでいったが、修は屋内での事務に回されたので命だけは助かった。奉天から引き揚げて日本に帰っていた家族は、二年待っても行方の分からない修のことは諦めてお墓を作ろうと思っていたところに、痩せ細った修が姿を現した。「待つ人は帰らず、もう死んだと諦めている人が帰ってくる。戦争とはそんなものなのです」と恵子は後に綴った『自分史』に書いている。

恵子が修に惹かれた理由の一つに、品の良い彼の姿形があった。背が高く色白で目が大きい。少し日本人離れしたその容姿も、上品で物静かな振る舞いも西巻家全員に共通するものだった。母倭子は最初、彼はおとなし過ぎるのではないかと懸念したが、何事にもテキパキしている恵子とは却ってバランスが取れ

修と恵子、結婚式にて（1952 年）

ていいかもしれないと思い直した。四月に日本に着いてから夏も終わりに近い九月、ついに「お見合い」と相成った。その日のことを、恵子は後に手記『おさむのこと』で、次のように回想している。

「本当に自然な嬉しい気持でバスの停留所迄その日お母様と二人であらわれる修さんを迎えに行った事は忘れられません。……お座敷で型通りの挨拶を交わした後、さあ二人で裏の山にでも登っておいでという八平伯父さんの提案に、ここでも自然な気持で台所から下駄をつっかけ二人は前になり後ろになって裏山を登ってゆきました。お互い仲好く一生けんめいやってゆきましょう、はい、と頷いてこれで話はきまりました。あの澄んだ目、やさしい物腰の修さんが私を不幸にする筈はありません。お互いに話が持ち上がってから逢う迄の一ケ月間よくよく考慮した上での事でした」。

それから何度か町でデートした。百七十五センチという当時としては長身に真っ白なワイシャツと紺の背広がよく似合う修、会うたびに一段と上品なハンサムに磨きがかかり、恵子は胸が高鳴った。

修の方は全く躊躇なく結婚を決めたわけでもなかっただろう。すでにちゃんとした会社に勤めており、彼のことを憎からず思っていた人もいたようだ。それに、アルゼンチンはあまりにも遠い。「行く」と彼に決心させたのは何だったのか。華やかな恵子の美しさ？　育ちの良さとさっぱりした良い性格？　アルゼンチンという豊かな国への期待？　実業家として成功してやるぞ、という意気ごみ？「男のロマン」？　多分その全部だったのだろう。

トントン拍子に事が運び、二人は五二年十二月十八日に鎌倉で結婚式を挙げ、年内に日本を出てパナマ運河経由でブエノスに向かった。昇、カズ、修、恵子と共に、日本に一時帰国していた昇の母「むみ」も一緒という大移動だった。冬の荒れた太平洋横断が過ぎても恵子は船酔いが治まらず、気分の悪い日が続く。と思っていたらお腹にはハネムーン・ベイビーが宿っていた。楽しかるべきブエノスへの新婚旅行は前半は船酔い、後半はつわりに悩まされる日々だった。

子供たちの誕生

恵子は二十六歳から三十三歳までの七年間に、四人の子供を次々と生んだ。

五三年九月二十日、長女 Marta Beatriz 文（あや）
五六年四月十二日、次女 Maria Elena 涼（りょう）
五八年三月十八日、長男 Ricardo 素（まこと）
六〇年一月七日、次男 Guillermo 光（ひかる）

女の子二人、男の子二人で、「上手に生んだわね」とまわりから褒められた。じつは素が生まれた段階で、子供はもう三人いるからこれ以上要らないと夫婦は決めた。が、また妊娠。中絶に行こうとしていたところに、昇と修がお昼ご飯を食べに帰ってきた。昇から「どこに行くのだ?」と聞かれとっさに嘘がつけず、堕ろしに行くところだと言うと、「もったいない!」と猛反対、ひどく叱られた。子供に恵まれなかった昇にすると、当然だろう。「捨次郎という名前にしたらいい!」と嫌味を言われ、結局堕ろせなかった。四番目はお祖父ちゃんのおかげで、生まれてきたようなもの。堕ろそうなんて「おろそか」にして可哀そうだった。一生光に包まれて生きますようにとの願いをこめて「光」と名付けた。

子供たちは早くから個性がはっきりしていた。あやはお乳を熱心に呑まず、途中で寝てしまう。食が細く体重が増えないのが若いママとしては一番の悩みだった。反対に涼は気が強く短気で、お乳の出が悪いとふんぞり返って怒る。人工栄養に切り替えて、「丸々太ったかわい子ちゃん」と褒められた。素の時はお乳はよく出るし、よく呑み、よく太って元気。女の子が二人続いた後の待望の男の子だから多少甘やかしたこともあり、かなり暴君に育った。光は、「子供も四人目になると可哀想なもので、『おれの写真は少ししかないね』とアルバムをくりながら言うほど、大さわぎもされない代わりに手もかからず、いつの間にか大きくなった」と恵子。とても優しい子に育ってくれた。子育ては下になるほど楽になるものなのだ。

父親としての「修」

恵子はカズに育児をよく助けてもらった。一方、修も子煩悩な父親で子供たちをよく遊ばせてくれた。ふざけて遊ぶのが得意で、少し大きくなると停電の時など皆を一部屋に集め、蠟燭を灯して怪談を聞かせた。のっぺらぼうや首なし女の話、四谷怪談は全部聞かせた。声をひそめて呻いたり、急に甲高く叫んだり演出たっぷりに話すので、末っ子の光は怯えて泣き出す始末。「修さん、あまり怖い話は止めてよ!」

一族の写真（1960 年）。上段左が昇、右は修。
下段左からカズ、涼、むみ（昇の母）、あや、恵子と抱えられる光、素。

と恵子から注意が飛んでくる。時には手拭いを被って、ざるをひらひらさせながら「泥鰌すくい」の踊りを披露、子供たちには大うけ。でもこれも「品が悪いからやめてちょうだい」と恵子にたしなめられた。悪戯が高じて本気で叱られることもあった。あやは当時を回想して言う。

「父は薄暗い階段を上がってくる私を上で待ち構え、ふわりと白いタオルを投げかけたことがあります。驚いた私はきゃっと悲鳴をあげて、転げ落ちるような勢いで大人たちのいる居間に逃げ込みました。『なんと危ないことを！』と、父は祖父母や母に囲まれて油を絞られ、しょんぼり俯いていました。父はあの手この手で子供たちを楽しませてくれました」。

ある日、何もすることがなく退屈を持てあましていたあやは、屋上にある温室に行った。祖父の趣味でサボテンが栽培されている。あやは、「そうだ！」と下からマジック・インクを取って来て、サボテンの葉っぱに虫を描いた。当然見つかってお祖父ちゃんに叱られた。修も「いけないよ、あや」と戒めながら、小さい声でそっとつけたした。「でも、上手だ」。

子供たち四人のお誕生会は原家では大事な行事。恵子は一カ月前にはノートに御馳走、お土産、招く人のネームリストを書きこんで準備をはじめた。修の方針でいつも学校のクラス全員が招待された。修は手先が器用で、お誕生会に配るお土産は手作りのものが多かったし、余興に手品を披露して子供たちから大喝采を浴びた。光の頭の中には、器用にナイフを使って鉛筆を削る父の姿が今も鮮明に生きている。四人は毎日勉強が終わると鉛筆を父のところに持っていく。修は二十本近いそれらの鉛筆を、まるで魔法のようにするすると恰好良い形に削っていくのだった。

もっと小さい頃の思い出。確か光が五歳ぐらいの時、父が子供たちを公園に遊びに連れていってくれた。ちょっとしたことで、他の子供たちと喧嘩になった。すると双方の親同士も小競り合いをはじめ、どんどんエスカレートして大喧嘩になった。子供たちが怖がって泣きはじめたのも無視して怒鳴り合い、今にも殴りかからんばかりの権幕。普段は優しく穏やかな父しか知らなかった光は、心底驚いた。

優しいだけでなく、厳しい父でもあった。口答えや生意気な態度を取ると、頬をぱちんと叩かれる。それ以上に応えたのが、お説教だった。少し大きくなってからのことだが、あやには苦い思い出がある。

十六歳の誕生日の時だった。アルゼンチンでは女の子は十五歳の誕生日を盛大に祝う。これで大人の仲間入りというわけだ。あやの十五歳は恵子が母の看病のため日本に行っていたので、一年延期して十六歳の誕生日を祝った。パーティにはクラスメートや彼女たちのボーイフレンド、そしてあやが密かに好きだった男の子のほかに、以前原家で面倒を見ていた二人の日本人青年も招かれた。薄緑のオーガンジーのドレスをまとったあやは有頂天。好きな男の子がその朝送り届けくれた十六本の黄色いバラが、大きな花瓶にみごとに生けられていた。あやは、結局その夜、その子としか踊らなかった。

皆が帰った深夜、話があるからと父に呼ばれた。なぜせっかく来た日本人青年とは一曲も踊らなかったのか。貧しいK君がどんなに苦心してあのプレゼントを用意したか分かっているか。「あやは思いやりがない」と叱られた。それは模造クリスタルの粒を散りばめたブローチだった。「どんなプレゼントでも、心を込めてありがとうと言える人になりなさい」。楽しかった一日を何も今ぶち壊さなくてもいいのにという反発と、Kさんには申し訳なかったという反省で、あやは後味の悪い思いを噛みしめていた。

第四章　原家の四世代生活

人生五計――生計・身計・家計・老計・死計

十二世紀宋の朱新忠の哲学に「人生五計の説」というのがある。五計とは生計、身計、家計、老計、死計をいう。老計と死計は字を見てだいたい何のことか分かる。生計と家計も普通よく使われている言葉だから想像がつく。暮らしの経済的側面、つまりお金に関することだろう。が、身計とは何なのだろう、体や健康にかかわることなのか。説明を聞いて驚く。

まず、生計も家計もお金とは関係がない。「生計」とは自分に与えられた生命を大切にする計画、そして「家計」とは家庭を充実したものにする計画、つまり良い家庭を築くということで、ふだん使われている「家族が暮らしていくための費用」とは違う。そして「身計」とは、出処進退などを含め、世の中を有意義に生き抜く計画のこと。なるほど、「立身」と関係があるのだ。「老計」は老害を振りまくことなく美しく老いる計画、「死計」は悔いなく和やかに人生の幕を引く計画のことで、少子高齢化が急速に進む日本では盛んに取り上げられている社会問題だ。

しかしそれ以上に問題なのは、昨今の日本では身計や家計、そして生計さえも成り立たなくなっているという点だ。人間切捨ての派遣労働や非正規雇用により、職業はもはや世の中を有意義に生き抜く「身計」を提供してくれない。たとえ正規雇用であっても、金や資産の運用による金儲けがもてはやされ、モノを作る製造業や食糧を産み出す農業は軽視されがちだ。金や情報を動かすだけでモノを作らない社会は、いつかどこかでひずみが来る。

パートナーや子供を持たない一人世帯が増えている現在、家庭を充実したものに仕上げる「家計」も難しくなり、いじめや虐待、自殺や通り魔的殺人、地球規模の環境劣化やテロの増加で、生命を大切にする「生計」も日増しに危うくなっている。これは日本だけでなく、世界的傾向のようだ。韓国では正規職は若者の二割。八割は低賃金の非正規で、恋愛も結婚も出産も放棄せざるを得ない「三放世代」と呼ばれ、さらには「生きること」も諦める「四放世代」が出てきているという。身計、家計、生計全滅だ。これが人類の求めてきた「豊かさ」なのか？　老計や死計以上に、まずは「いのち」の生計、「有意義に生きる」身計、「家庭を創る」家計が優先課題だ。それらが仕上げられていないところでは、おそらく美しい老計や安らかな死計はいっそう難しくなる。

ブエノスの原家の場合は、人生の五計はどうだったのだろう。

豊かな「家計」——食べることを大事に

昇とカズ、修と恵子の二世代の夫婦に、昇の母むみと恵子たちの子供四人、全員合わせて九人の四世代が暮らす大きな家では、食べることがとても大切にされた。来客の多い家だから、到来物も豊か。虎屋の羊羹。修が定規で正確に印を付け、それを恵子かお祖母ちゃんがすぱっと包丁で切っていく。最初にもらうのはもちろん子供たち。手を出す前にどれが一番大きいか見極めようと、四人は目を凝らしている。の

パティオで、ジンギスカンを作る修

ろのろしていると、しびれを切らしたお祖父ちゃんが「さっさと取りなさい！」と急かす。ほかにも最中、おこし、かりんとう、胡麻せんべい、バウムクーヘン……潤沢だった。

それでもお祖母ちゃんは子供たちのおやつ作りに精を出し、よもぎ団子、おはぎ、アンパン、どら焼き、お汁粉、プリン、抹茶アイスなど、よく手づくりおやつを用意してくれた。恵子と一緒に『婦人之友』の写真つきレシピを見ながら、粉が付いた白い手を前掛けで拭いているカズの姿を、子供たちはしっかり覚えている。

ラテン系国の例にもれず、お祖父ちゃんもお父さんもお昼には一度帰ってきて皆と昼食を食べ、軽く昼寝をした後また仕事に戻った。お昼ご飯はポトフのような野菜や肉の煮こみ、ステーキとサラダ、仔牛のカツレツ、エンパナダ（アルゼンチン風ミート・パイ）など洋食が多かった。夜はほとんど和食で、煮魚、焼き魚、煮物、てんぷら、すき焼き……中華料理の時もあった。必ずご飯と味噌汁かおすましが付き、漬物や胡麻和え、福神漬けも食卓にのった。茶碗蒸しも御馳走の一つで、昔から原家にある陶製の器の中に薄味の茶碗蒸しが出る献立は、ことさら楽しみだった。男の子たちが必ず「おかわり！」と言うことを見越して、余分に作ってあった。

年始には朝から来客が多く、重箱にはぎっしりとおせち料理が見目麗しく整えられ、お雑煮も出た。巻きずしやお稲荷さんもよく作った。特に巻きずしの時は、子供たちは台所から離れず、まな板のそばに張り付いていた。でき上がった巻きずしを切っていく時、干ぴょう、シイタケ、ホウレンソウ、卵焼きのはみ出した切れ端の「お味見」にあずかるためだ。カズはアルゼンチンで捕れる白身の魚を使ってデンブやかまぼこを作るのも上手で、時どき商社や大使館関係の若い奥様を集めて、料理の講習もしていた。

とはいっても、「男子厨房に入るべからず」ではない。日曜日はたいてい修の手料理が出た。ジンギスカン、シナ饅頭、チャーハン、餃子、焼きそば、どれも中国育ちの玄人肌で最高に美味しかった。日曜日はまた四人の子供たちがお祖父ちゃんを手伝って、自家製豆腐を作る日だった。茹でた大豆が入った大きな布袋を力いっぱい絞ると、青臭いにおいが立ちのぼる。豆腐だけでなく、おからも重宝した。おからに豚肉の細切れと人参、ゴボウ、ネギを刻んで入れ、昆布出し汁と醬油とみりんで少し甘辛く炒ったおかずは子供たちの大好物だった。

「いつもお鍋から湯気が立っていて、オーブンからは焼き肉が香ばしい匂いを出している大きなお勝手は、私たちにとって魅力のある場所でした。お手伝いもよくしました。鰹節を削る、胡麻をする、ご飯の炊き加減を見張っている、餃子の生地を棒で伸ばす、お皿を洗う。でも、揚げ物の時は遠ざけられました。このように、自然な形でアルゼンチンと日本の習慣、食生活、文化が入り混じった原家で私たちは育てられました」。（あやの回想）

なんと豊かな食生活が営まれていたことか！　それは、ひいては豊かな家庭生活につながる。食べたものを克明に覚えていて、当時の台所の光景を今も懐かしく、好ましく思い起こすことができる。食べることは日々の暮らしのなかの欠かせぬ大切な部分であり、じつに丁寧に執りおこなわれていた。中心にいたのはお祖母ちゃんとお母さんだったが、お父さんもお祖父ちゃんも子供たちも参加した。そして何よりも、全員で食卓を囲んだ。

近年、一人世帯が多くなったという家族形態の変化により、一人で食べる「孤食」や、家族がいても食べる時間や内容がばらばらという「個食」の傾向が強まり、共通体験としての食が失われつつある。手料理の代わりに、作るのが面倒とできあいのお惣菜で済ませる。食べることさえ面倒になって、仕事をしながら片手で、さっさと食べてしまえるものが店頭に並ぶ。「食べる」という基本的な行為が面倒扱いされるとは、まさに「崩食」である。

食べることはどうでもいいと思っている子供は、生きることもどうでもいいと思ってしまうと言われる。そうではないよ、食べることは大事なんだということが自然に身に付き、食べることを楽しみにする当たり前の暮らしが、原家の子供たちには提供されていた。子供の成長に欠かせないという「家族で囲む食卓」が確かにここにはあった。あれから何十年もたち、あやたちは何度も日本を訪れているが、いまだに日本の「立ち食い、早食い、早飲み」は大の苦手だという。

す。一度まだ小さかった光を籠に入れ、屋上から吊るした縄に籠をくくりつけ、えんやこらやと上から引っ張り上げようとしていたところ、母に見つかって大目玉！

9. 両親の寝室。応接間からも出入りできるドアあり。

10. 子供部屋。4つのベッドがほとんど隙間なしに並べられていた。けっこう広く、ベッドや洋服ダンスや玩具のほか、子供用の小さな赤い革張りのテーブルと4脚の椅子。
子供部屋の壁には大きな白いボール紙に1ヶ月の手作り日より。

私からの順番で兄弟4人の欄があり、自分のおこないがリンゴの形をした紙を貼ることで評価されていました。

1日何か特別に良いおこないをした子には金紙のリンゴ、普通に良かった子には赤いリンゴ、悪いことをしたら黒いリンゴ。

11. 大きなお風呂場。

12. むみおばあちゃんの部屋。桐や桜の箪笥が並んでいる。最初から亡くなるまで、その部屋に住んでいた。

13. 祖父たちの部屋。隅っこにはロッシーという真っ黒なテリアのベッドもあり。

14. 納戸？ 棚があり、梅干し、らっきょう（すべて自家製）や漬け物の樽やガラス瓶があり、戸棚には昆布、鰹節、干しイカや乾燥豆類、米櫃、さまざまな保存食と到来物がしまわれていた。

15. 地下室への階段。子供たちは牢屋と呼んでいた。大喧嘩をすると、大人の判断で悪いと思われる子がおしおきで1時間ほど閉じ込められていた。

16. お勝手。その脇に屋上（2階）に上がる木の階段。
2階には3つの部屋、お手洗い1つ。カズおばあちゃんの弟夫婦（私たちにとっては上のおじさんとおばさん）が引っ越していった後、私の部屋になる。あとふたつの部屋は書生さんの部屋。

パティオに面する部屋はその後、涼ちゃんの部屋。

屋上は広々としていて、私たち4人の格好の遊び場所。

父が鶏小屋を作ってくれて、ニワトリやウサギを飼っていたことも。毎朝、生みたての卵に楊枝で小さな穴を開けて、ちゅうちゅう吸うのが楽しみ。白ちゃんというおんどりを飼っていたが、明け方からけたたましく時を告げるので、近所からクレームあり、警察官も来た。

仕方なく、当時、涼ちゃんと私が通っていたピアノの先生（原家と付き合っていた古くからの知り合い、中村家）の家に預けたところ、結局この家族に食べられてしまった。それを知った日以降、ピアノレッスンは中止。祖父や両親も怒った。私たち4人は集まって、心に力を入れて中村家を呪いました。中村のお父さんは、破傷風に侵され片足切断、ピアノの先生の妹さんは自殺。先生は離婚。

原家間取り図

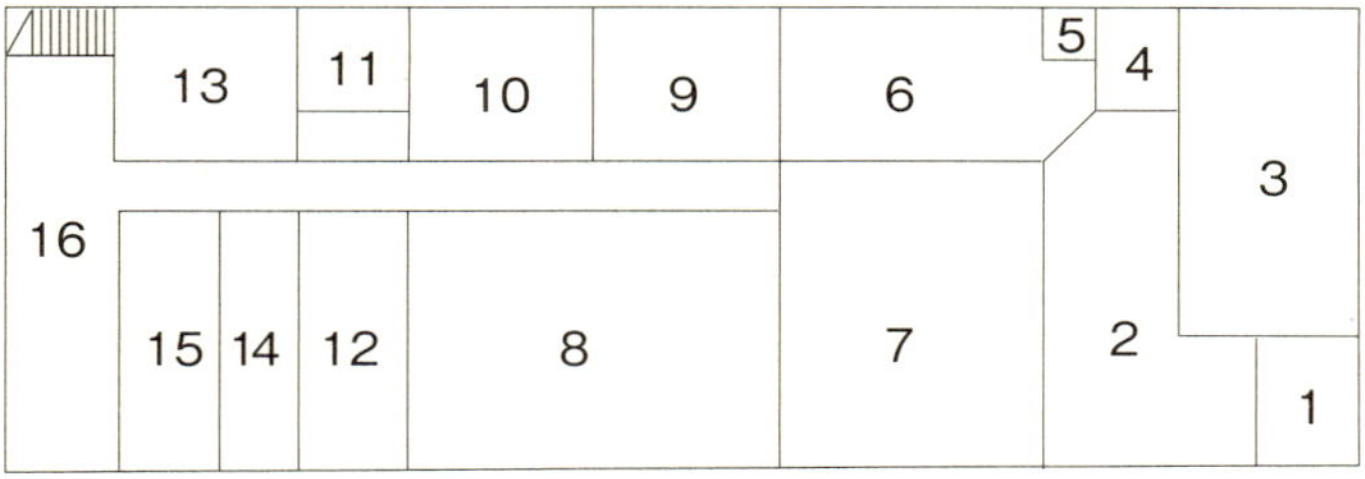

1階

〈1階〉――あやの回想

1. 玄関。入り口は開けられるガラス窓が両わきに付いた鉄製の重い扉。入ると白い大理石の階段（5段くらい？）。

2. 広間：床は寄せ木張り。中央には円形型の大理石のテーブル。屏風、大きな壺、観音様の像、回転本棚、大理石の子供の像（赤鉛筆で足の爪を塗って叱られた）、大きな花瓶。お誕生日パーティーの時には、ここで皆が踊った。

3. 祖父の書斎。立派な家具や本棚に埋め尽くされている。祖父たちがいない午後、こっそりと入って本を読んだり、美術画集のページをめくったり。
子供たちのクリスマスプレゼントが隠されているのもこの書斎。

4. 薄暗い小さな部屋。ここもまた本だらけ。

5. お客様用のお手洗い。床はモザイク風の花模様タイル。

6. 応接間。黒い革張りのソファーセット。壁には英国式の小さな暖炉が。

7. 食堂。壁はダークな色づかいの布張り。小判型の大きなテーブル（14、5人は楽に囲むことができる）。食器戸棚、こけしや洋酒の瓶が飾られている家具、蓄音機、ピアノ、テーブルの上にはシャンデリアが高い天井から吊るされている。シャンデリアを磨くお役目はいつも私。
テーブルの下の床には足で踏むベル（お勝手につながっている）。小さい頃、段取りよくご馳走が運ばれてきたり、お手伝いさんが必要な時に来るので不思議に思っていたが、母が踏んで合図を送っていた。

8. 中庭、パティオ。応接間、食堂のほか、両親の部屋、子供部屋、むみおばあちゃんの部屋が面している。
開けたり閉じたりできる天幕。植木鉢、夏にジンギスカンを楽しんだ食事用のテーブルと椅子。そのテーブルで4人そろって日本語の勉強。

パティオからは屋上の手すりが見えま

の傍にカズおばあちゃんが泊まり込みで看病してくれました。

私は本当に弱く、あらゆる病気になっていたようです。水疱瘡、はしか、おたふくかぜ、扁桃腺炎、などなど。

でも峠を越えると、けろっと熱も下がって今度はお腹が空きます。

「蜜柑のゼリーが欲しい、抹茶アイスが食べたい、羊羹、アイスクリーム！茶碗蒸し」と言えば「そっれ！」という呼吸で魔法のように何でも出て来ました。

2．狭いトイレ。
丸い木のノブが鎖につながれていて、それを引っ張って水を流します。

夜行くのは怖かった。

3．お客さん用の部屋。
いつでしたか、祖父が縁組をした新婚夫婦が1泊か2泊したことを覚えています。お嫁さんは日本から来たようで、結婚式前、幾段にもなっている素晴らしい化粧セットを見せて頂きました。

「あやちゃん、してあげましょうか」と言われてメーキャップをしてもらいました。でも私がまだ上にお部屋をもらっていない時でしたから、ずいぶん小さい時でしょう。

4．ここは下のパティオに面した部屋。
涼ちゃんの部屋になりました。


屋上は私たちにとって楽しい遊び場でした。

トイレの横には洗濯場もありました。


この屋上に祖父が温室を作らせました。

一時シャボテンにこって育てていました。

シャボテンや鑑賞植物の葉っぱにマジック・インクで昆虫の画を描き、こっぴどく叱られた記憶があります。

原家屋敷の屋上で、恵子の子どもたち

子供が何か悪いことをすると、最後、いつも祖父から小言を言われるのは父でした。その時も皆が昼寝中、退屈していた私が温室に忍び込んで描いたものでした。

祖父に嫌というほどのお説教と最後は耳たぶを捻り上げられた後、父に叱られました。でも父は最後ににやりとして、「本物のようで見事！」と言ってくれました。その時の父のちゃめっけたっぷりの顔は今でも覚えています。

晴れの日には屋上に何枚もの真っ白なシーツが干され、それをべたべた触りながらかくれんぼで遊んだり、買ってもらったばかりの自転車や三輪車を得意げに乗りまわしていました。
家に居候をしていたK. S.がお守役でじっと私を見ていたことも思い出します（彼は当時17歳、私は7歳年下。彼は私にとっては憧れのお兄さんのような存在。どうして彼の気持ちがわからなかったのかしら？）

原家間取り図

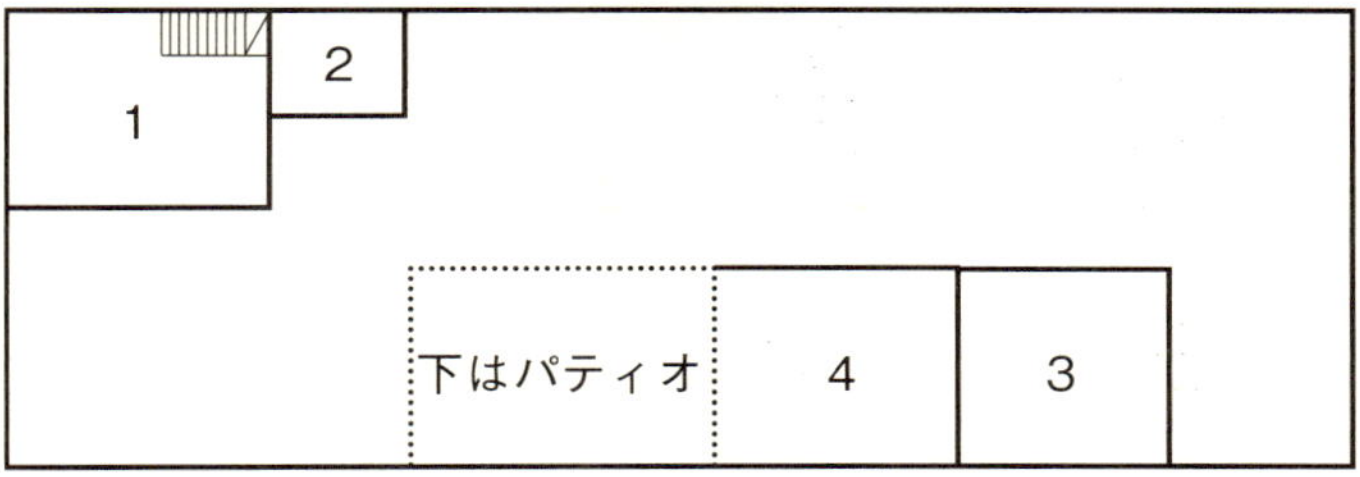

屋上（2階）

〈2階〉

1．木材の階段を上がったところに私たちが小さい頃、ある夫婦が住んでいました。私たちは、上のおじさん、上のおばさん、と呼んでいました。後から知ったのですが、この夫婦はカズおばあちゃんの弟つねじさんとその妻のひち子さんでした。

私の記憶の中では、つねじ叔父さんはいつも胡坐をかいて座布団に座って筆で日本画を描いていました。

つねじ叔父さんはどちらかといえば気難しい線の細そうな人。ひち子叔母さんは優しく、クラシック音楽をラジオで聞きながら、七輪の上で干し魚を焼いたり小さな釜でご飯を炊いたりギターを弾いたりしていました。

邪魔してはいけないと、大人は私たちが叔父さんたちの部屋に上がり込むことにいい顔はしませんでしたが、私は何か魅かれるように時々遊びに行っていました。

私が図画用紙に精一杯描いた茄子だのスイトピーなどのクレオン画を叔父さんにこわごわ見せると、ほほ笑みもせず一瞬見て「ふん」という感じで返されました。

叔母さんは冷えたご飯を小さなおにぎりにしてそっと渡してくれました。それからコンロの上でカキ餅を焼いてくれます。「黙っていてね」という言葉は、たぶん下の原の人たちにはという意味だったのでしょう。

夫婦そろって音楽のコンサートにはけっこう頻繁に行っていたようで、時たまお土産がありました。

それはインペリアル・ル—ソというケーキで、四角く薄いショートケーキの生地の積み重ねでメレンゲや生クリームやカン詰めの桃の薄切りが入っている甘いお菓子でした。子供たちは大好きで、今でも大きなお菓子屋さんには売っています。

つねじさんとひち子さんは何時の間にか原家から去って行きましたが、その本人が、かの有名なJALのツルマークの作者だったとは、ずいぶん後から母に聞いて驚きました。

彼らが生活していた部屋が、当時小学校6年生の私の部屋になりました。

その少し前には、伝染病にかかった子供が看護される部屋になりました。

私はありとあらゆる病気を学校などから拾って来ていました。

思い出すのは百日咳のとき。私のベッド

そして修のシナ饅頭は確実に涼が受け継ぎ、一族が集まるテーブルを賑わせている。

家族を育んでいった儀式

「食」のほかにも、「家計」を育んでいった暮らしのパターンが原家にはいくつかあった。

「一週間に一回ほどの頻度で、晩御飯も終わりお風呂に入ってほっぺたぴかぴかの四人の子供を、父は廊下を伝って祖父母の部屋に連れていきます。ドアを軽くノックして『お父さんよろしくお願いします』。パジャマに着替えた祖父がドアを開けて『さあさあ、いらっしゃい』。子供たちが入ると、父はいったん帰っていきます。祖父母たちは細長い家の中の一番奥の部屋を寝室にしていました。ひとすみにはロッシーという犬が寝る四角い木箱があり、毛がくるくるカールしたその老犬は毎晩おばあちゃんがフライパンで焼くステーキを食べてご満足そうな寝息を立てています。私から始めて順番に、祖父の膝に頭を横向きにのせて耳掃除です。お返しに誰かが祖父の背中に乗って両足でマッサージをしてあげます。祖母はこれもお決まりで、大ぶりのガラスコップにお湯と蜂蜜とお酢を混ぜた飲み物を孫たちに配ります。うまくいけば金平糖とかラクガンを頂けるそのひと時は、わくわくする時間でした」。（あやの回想）

原家にはもう一つ重要な儀式があった。姉弟は長いこと一緒の部屋で、四つのベッドを並べて寝ていた。寝る前の儀式をあやは次のように思い出している。

屋上で祖父とあや。うしろに映っている窓の部屋が後に、あやの部屋になる。

「順番も入り口に一番近いところが長女の私、その隣が涼ちゃん、そしてまこ、一番奥が光です。ベッドにもぐってから三十分ほど本を読むことが許されていました。九時になると、母が最後の見回りに来ました。PONDSと書かれた瓶からクリームを指で少しだけすくって、それぞれの鼻の上になすりつけてくれ、それを私たちがほっぺたや顔中に擦りつける。私たちが小さかった頃、ブエノスの冬は厳しく長く続きました。『子供は風の子』といってできる限り野外で遊ばせてもらっていたので、ほっぺたはいつも真っ赤でした。それから皆ひざまづき、両手を合わせて小さなお祈りをします。『天のお父様、明日のデザートにさくらんぼが出ますように』とか勝手なお願いばかりです。一人ずつ母にキスしてもらい、ベッドに入ると母が襟元までしっかりと毛布を掛けてくれ、小さな家の形をした豆ランプをつけてから『おやすみなさい』と出ていきます。両親の寝室はドア一つのお隣にありました。両親の話し声がかすかに聞こえてくる。父も母もラジオで音楽を聴いたり、日記をつけていましたから、きっとその時間が忙しい一日のうち漸く寛げるひと時だったでしょう。私が言います、『みんな、手をつないで寝ようね。泥棒が入ってきたら気が付いた子が知らせるのよ』。昼間は喧嘩ばかりの姉弟ですが、枕を並べていると何か優しい気持ちになります」。

十三歳になったころ、両親が階上の部屋をきれいにしてくれ、あやはその個室に移った。次に涼も階上の別の部屋に移り、友達がきて一緒に勉強したり泊まっていったりした。あやはさらに当時の日々を次のように回想する。

「むみおばあちゃまの一人部屋に行くのも楽しみでした。それは中庭のパティオに面した日当たりのよい部屋で、おばあちゃんは食事以外ほとんどそこで静かに暮らしていました。入ると桐と桜木の箪笥があり、何か樟脳の匂いがほんわり漂うような、世界の喧騒とは完全に次元が違う空間でした。折り紙、着物の生地で作ったお手玉、ビー玉やおはじき。白檀の匂いがする扇子や日本人形。行けばそのようなお宝を披露して遊ばせてくれました。そのむみおばあちゃんは、ある晩手洗いに行き、大きな洗濯機のホースに足を取られて転び、それからほとんど寝たきりの生活になってしまいました。枕元の小さなテーブルには水の入った吸い飲みと人を呼ぶための真鍮のベル。私は晩御飯を食べさせてあげる係りでした。お粥とかお汁、柔らかい焼き魚、煮物、胡麻和え、湯豆腐。それをスプーンですくって少しずつ口に運んであげるのです。むみおばあちゃんは、ありがとう、ありがとうとつぶやきます」。

アルゼンチンで小児麻痺が流行していた頃、むみは小さな樟脳のかけらを入れた布袋を縫って、四人の曾孫たちに首から下げさせた。子供たちはもちろんあらゆる予防接種を受けていたが、むみも昔ながらの魔除けで子供たちを守ろうとしたのだった。

そのむみが六四年、八十四歳で亡くなった通夜の夜、棺の置かれている客間にはこうこうと明かりが灯され、台所ではカズたちが大勢の弔問客のため御馳走作りに大わらわするなか、あやはお祖父ちゃんの姿が見えないことに気が付く。

「心配になり部屋に行ってみると、祖父は背広を着て眼鏡をかけたままベッドに横たわっていました。顔を覗き込むと、何と涙を流している。泣く祖父を見たことのなかった私は大変な衝撃を受けました。さすがの祖父もその日は髭剃りをしていなかったようで、頬を撫でたらじゃりじゃりしました。『お祖父ちゃん、悲しいの？』無言で頷きました。私もむみおばあちゃんがもう明日からいないのだと分かって一緒に泣きました。愛する者が一人ずつ逝ってしまう。叔父や叔母やいとこが遠い日本に住んでいて親戚がいない私には、夏休みになると地方の実家に遊びに出かける友達が羨ましくてなりませんでした」。

四世代が同居する大家族の生活は、恵子や修にとって煩わしいこともあっただろうが、子供たちにとっては願ってもない豊かな生活環境だった。それでも、互いに訪ね合える親戚がいないということが心のどこかに小さな欠乏感をもたらし、折にふれ痛んだのだろう。

それにしても、原のお祖父ちゃん、お祖母ちゃんの生活はあやたちがいたおかげで、どれほど楽しいものになったことか。孫たち四人と作るお豆腐、その子たちのために作ってやるヨモギ団子のお八つ、そばに張り付いてお味見のチャンスを待つ八つの瞳。匂いや声や色彩が豊かにざわめき立つ生活。これが老人

原家の屋敷の玄関にて

二人きりの生活だったら？　あるいは一人きりの生活だったら？　思い切って養子を迎えたことで、原夫妻は未来をも手に入れたのだ。

子供たちと日本語

子供たちの教育について、まず何語を第一言語とするかをめぐって、若夫婦と昇との間で意見の違いがあった。恵子と修はアルゼンチンに住んでいるのだから、この国の言葉カステジャーノ（スペインのカステリョン地方の方言で、アルゼンチンの国語）をしっかり教えるべきだと考えた。しかし昇は日本語教育を重視し、カステジャーノなど教えなくても、学校に行けば自然に覚えると主張、家庭での言語はすべて日本語とした。これでは学校に行ったら苦労すると恵子たちは危惧したが、昇に押し切られてしまった。そういうわけで、あやは幼稚園に入るまでカステジャーノが話せなかった。

五歳で地元の幼稚園に入った時、恵子は最低限必要な文章をカステジャーノで書いてあやに持たせた。「先生、分かりません」、「先生、お母さんを呼んでください」、「先生、お手洗いに行きたいです」。幼稚園は時間が短く工作やお遊戯が多かったからどうにかなったが、一年生になると、そうもいかない。あやは回想する。

「いよいよ三月の一年生新学期。母は私を連れていき、その半日は祈るような気持ちで過ごしたそうです。私を迎えに来ると、担任の先生と手をつないで微笑みながらけろっとして出てきた。『先生、この子どうでしたか』。『マルティータ（あやの別名、小ちゃなマルタ）はmonada!です』。モナーダという単語の意味が分からない母は家に帰ってすぐに字引で探してみました。すると、「Monada：猿回しのサルのような」と書いてあるではありませんか！『あやちゃん、あなた何をしたの？』私もわけが分からなくて半ベソ。要するに、先生がおっしゃったモナーダとは、とてもお利口で愛らしいという、母の知らない意味だったのです」。

毎日通っているうちに、カステジャーノもどんどん理解できるようになった。ある日、「大きくなったら何になりたいか」という作文を書かされた。ほとんどの子が、先生、パイロット、お医者さん、お母さん、看護婦さん、消防士、靴屋、お肉屋さんなどと書いていたのが、あやはモンシロチョウになりたいと書いた。

「私は大きくなったら白い蝶になりたい。お花畑の色とりどりの花にとまりたいので、あまり長く生きられないと思う。白い蝶を見たらそっとしておいてください」。

先生は感激して生徒全員の前で読み聞かせ、そのあと校長室にまで作文を届けた。発想のもとになったのは、昇が孫たちに買い与えた昆虫や植物の百科事典だったのだろう。あやは小さい頃から昆虫が好きだった。アリの通り道の脇にしゃがんで見つめる。瀕死のバッタを見つけて家に運び、お祖父ちゃんにパティオの鉢に埋めてお経をあげてもらう。原家の大人たちは、四人の子供の気持ちをいつも大切にしてくれた。

アルゼンチンは小学校が七年間、その後、中高あわせて五年間という教育制度だ。あやが地元公立小学校の七年生になった時、小さな光まで四人とも同じ学校に通うようになって、四人はFamilia Haraとして有名だった。学校にはMejor Companeroといって、「最高のクラスメート」を生徒たちが投票で選ぶ制度があったが、原家の四人はよくこれに選ばれたし、勉強もよくできた。

時には「チーナ!」(中国人)と呼ばれたり、「洗濯屋!」とからかわれたこともあった。クリーニング店経営と花の栽培が日系人の代表的な職業だったからだ。しかしこれは普通のことで、太っている子は「デブ」、痩せていれば「栄養失調!」と呼ばれ、悪質ないじめではなかった。あやは回想する。

「日本人の娘ということでつらい思いや違和感を感じたことは記憶に残っていません。日本人の評判は良かったので、逆に日本人の子ということで可愛がられたり、人気があったような感じがあります。

でも一度だけ父に聞いたことがあります。『お父ちゃん、あやはここでは日本人だけれど、日本に行けばやっぱり外国人よね。中途半端』。父は答えてくれました。『両方のいいところを取りなさい』」。

日本語教育は学校に行くようになってからも続けられた。毎日一時間半、夏休み中も。時間割までちゃんとあり、宿題やテストもあった。家事は有能なカズが仕切っているし、お手伝いさんもいる。恵子は子供たちの教育係に専念した。日系人の多くは週何回か日本人学校に通っており、あやも行きたいと思ったが「発音がおかしくなる」と、行かせてもらえなかった。そのぶん家庭での日本語教育は徹底しており、もともと家では親子間でも敬語や丁寧語が使われていたので、子供たちは自然に敬語も身につけていった。

かつて志染小学校で人気教師だった恵子。その家庭における教師ぶりを、何十年かたった今、涼はこのように述べている。

「今でこそ好々婆をしている母も、若い頃は四人の子たちの教育に一身を捧げる、ある面ではとても厳しい母でした。

光が小学校に上がった頃でしょうか、子供部屋の壁に四枚のポスターが張り出されました。各ポスターには各自の名前と、大きな木が描かれていました。

『今日から良い行いをした子には、赤い実が木になります。悪い行いには、黒い実が木の側に落ちていることになります。赤い実が沢山あって、黒い実がないように皆頑張りましょう』。子供部屋では大騒ぎが始まりました。

学校で良いお点をいただければ、赤い実。ちょっとしたお手伝いをすれば、赤い実。きょうだい仲良く遊べば赤い実、と一目瞭然なのですが、そこは一ひねりあって、悪い点をもらってきても頑張ったと見られる時は赤い実がつけられたり、頑張らずに良いお点を持ってきても何も木につけてもらえなかったりで、いろいろ細かいところに目が届く教育方針でした。ちなみに、勉強の方はわりとスムースにいってた私は、気性が激しいとのことで、赤い実も黒い実も両方多かったと記憶しています。また夏休みには、『夏休みだから（こそ）勉強しましょう』と、毎朝九時から十一時まで日本語をみっちり。漢字、書き取り、作文は宿題で、と厳しい夏休みでした。当時は嫌だなと思っていましたが、そのおかげで四人とも日系企業あるいは日本語が必要とされる職につくことができ、感謝の一言です。

厳しいだけの人かといえばそうではなく、時間を作っては遊んでもらいました。広い庭があった別荘パチェーコのお家では、『無ルール・ラグビー』をよくしました。要するに、何でもいいから、どんな手段でもいいからボールを奪い合ってゴールに入れるのです。荒っぽい遊びですが、母も結構エンジョイしながらやってましたね。コチョコチョくすぐってはボールを奪い、さっそうとゴールに駆け込む姿を今でも思い浮かべられます」。

もう一つ、昇のおかげで子供たちは大の本好きに育った。あやは回想する。

「祖父たちや両親の知り合いの家に連れて行ってもらうと、さっきまで皆とかくれんぼで遊んでいた私がいつの間にかいなくなってしまう。お友達の部屋にちゃっかり忍び込んでは日本の少女雑誌に取りつかれていたのです。『あやちゃんは一緒に遊ばない！　つまらない！』と不人気でした」。
「祖父は孫たち四人を月に一度宮本さんという本屋さんへ連れていってくれました。待ちに待った子供用の雑誌が一ケ月遅れで日本から船便で届くのです。宮本書店にとっては子供といえど私たちはお得意さん。美しいカップにミルクティーと上等なお菓子が出されるのですが、それを口に運んだ記憶がないほど私たち四人は本を読むのに夢中。買ってもらう小学館の雑誌は帰ってからのお楽しみで、お店では買ってもらえない本を読むのです。祖父はマーガレットやリボンなど、付録もよっぽど素敵な雑誌は教育上よくない、少女マンガはませていてよくないという判断で、どんなにせがんでも買ってくれませんでした。帰ると手を洗うのもそこそこで、自分の分を読み始めます。そして次は順番、誰のを回しっこするのか決めます。母曰く、本屋さんに行った後の三日間ぐらいは姉弟喧嘩が少なくて静かだったと。母の徹底した日本語教育と本の収集家でもあった祖父のおかげで、私たち四人は日本語を習得し、後にそれを活かした仕事に関わることができたのです」。

こうした家族の文化が、後年、子供たちの「身計」につながっていったのだ。原家の生活は、生計はもちろん、家計や身計がしっかり存在していた懐かしい世界を思い出させる。あの堅牢な石造りの家の中では、「失われた時」が再び見出せるような日々が繰り広げられていたのだった。

第五章　踏ん張るつらい日々

義理の仲の軋轢——昇と修

子育てや教育など家庭生活に関しては、修と恵子二人の関係は問題なく行った。しかし、思いがけないところで予想以上の困難にぶつかった。商売のことで、昇は修に不満を示したのだ。期待していたほど仕事ができない。まず、全然押しがきかない、いかにも気が弱そうで、これでは商売などできないというのだ。見本布地を持って地方に売りこみに行かせても、思うほど売買契約を取ってこない。集金に行かせても、何だかんだと理由をつけられて支払いが遅れる。昇はあれしろ、これしろと命令ばかり多く、その通りできないと文句。それも子供たちの前でいろいろ言う。ご飯のときも商売のことで気まずい会話になり、「仕事のことは、家に持ち込まないで！」と、恵子は何度かきつい言葉で抗議した。修は反論もせず、黙って耐えている。

ブエノスに着いてから、修はスペイン語を学ぶため夜学に通いはじめた。その学校に同じ頃ブエノスにやってきて、年も同じくらいの高木一臣がいた。現在八十八歳、耳は遠いが元気な高木が当時を思い出して語った。

「私は不良でね、学校が終わってから、『飲みに行こう』と誘うんですがね、彼はお祖父さんに気兼ねして行かんのですよ。『外出の時間が決まってる』って言うから、私、言ったですよ。『あんた、いくつか？　二十七にもなって、子供じゃないよ。何でそんなに気兼ねせにゃならんのよ』。養子だから遠慮してたのか、もともと性格的にそんな人だったのか。夜学は九時に終わるんだけど、修さんは十時までに帰らんと中から鍵かけられてしまうってね。可哀想だねえ」。

「ある日ちょっと時間があるからコーヒーでも一杯ということになってね。話に夢中になって、ひょいと気が付いたら、もう十時過ぎてた。彼は真っ青になって。私はねえ、子供までいる一人前の男の自由をこんなに束縛する祖父さんはけしからんと思いましたよ。一緒に付いていって呼び鈴を鳴らすと、しばらくしてお祖父さんと恵子さんが出てきました。

『今、何時だと思ってる！』

『修さんを怒らんで下さい。私が無理に引き止めて話しこんでしまったんですから』。

恵子さんは何も言わず黙ってましたよ」。

「こんなことがあった後も、原さんは私を締め出すわけじゃなく、ときどき夕食に招いてくれましたよ。奥さんはとても料理が上手でね。あそこの家はキリスト教だからご飯の前にお祈りするんです。それはそれでいいですよ。で、やっと箸を取って食べ始めようとすると、原さんが怖い声で修さんに言うんです。

『今日のあの電話のかけ方、あれは何ですか！　あんなスペイン語で商売ができると思いますか』。まさにこれから食べようという時ですよ。

『済みません、私はまだこちらに来て日が浅いので……』

『日が浅いって、一年には一年のスペイン語、二年には二年のスペイン語があるでしょ』。これでは、聞いている方もご飯なんか食べられませんよ。で、私言ったんです。

『原さん、食事は愉快に食べんと、消化に悪いですよ。仕事の不満があるんなら、その場で言えばいいじゃないですか。何も食事の時じゃなくて』」。

店でも家でも一緒という息の詰まるような生活は、高木の別の記憶にもはっきりしている。ある日、昇とカズが旅行中で不在の時、高木は若夫婦に招かれて家に遊びにいった。中に入った瞬間、空気ががらりと変わっているのに気が付いた。二人は明るく伸び伸びと解放された感じだった。高木はつい思っていることを口にした。

「この家は台所と食堂が離れ過ぎてるよ。改造してもうちょっと近くにくっつけたら?」

「もちろん私もそう提案したわ。そうしたら『私が若い頃は、もっと遠くまでお料理を運びました』って言われたわ」。

「それにしても、この家の食堂は暗すぎるよ。この深緑の壁を白く塗り替えたら明るくなっていいと思うけど」。

「それも言ったけど、『とんでもない!』って」。

大変だなあ、修さんも胃が痛くなるはずだよ、と高木は思った。

何年か経って、ある日高木は修から相談したいことがあると持ちかけられた。

「家を出ようと思う」。

「奥さんと別れるの？！」

「いや、そうじゃない。恵子と子供たちと私だけの、私たち家族だけで暮らしたい」。

修は追いつめられていたのだ。頼りない。いつまでたっても仕事を任せられないと批判ばかりされ、小さくなって暮らしている。最近は体調も悪い。このままでは、自分も家族もダメになってしまうかもしれない。

「そうは言うても、家を出たら原商会の仕事も切られてしまうかも……」

「それも覚悟の上だ」。

しかし胃が悪く病気がちの修に、独立して家族を養っていく力があるか？　別の仕事につこうにも、原家に遠慮して雇ってくれるところはないかもしれない。しかも、子供たちはまだ小さい。下手すると、一家破滅のおそれすらある。

「奥さんはどう言うとるの？」

「恵子は反対している」。

「そんならなおさら、今、家を出るのはやめんさい。子供らがもうちょっと大きくなるまで待って。分かるよ、あの祖父さんと一緒に暮らしていくのは大変だってこと。特にあんたは気を使いすぎるから。とにかくお祖父さんのことは無視して、もうちょっと好き勝手に振る舞えるよう頑張ってよ」。

高木は修に家出を思いとどまらせた。しかし、あれから半世紀以上たった今も、果たしてあの時の助言は正しかったのか悩んでいる。もし止めないで原家を出るのを支援していたら、生活は苦しくなったかもしれないが、修は病気が治り、たくましく別の人生を切り開いて行けたかもしれない……。

窮地の恵子――「私は良い妻ではなかった」

昇に文句ばかり言われていた時、恵子の方も、もしあの松山の人なら商才を発揮してもっと昇を助け、気に入られたかもしれないと思ったりした。それ以上に、恵子は自分に腹を立てていた。あれもできない、これもできないと修が責められている時、そんな彼をいたわるかわりに、「どうしてそういうことがきちんとできないの」と自分まで苛立ちを示しているのに気がついて。後年、恵子は「私はいいセニョーラ（妻）ではなかった」と、つぶやいたことがある。心底から彼の味方になってあげられなかったのを悔やんでいたのだろう。どんなにまわりが批判しても「自分はこの人を信じている」と確信を持って寄りそっていたなら、後悔は残らない。

そうできなかった恵子の立場にも難しいものがあった。実の親子ではないから、つい遠慮して、昇にもカズにも正面から立ち向かえない。言いたいことも言えず、言葉を呑みこむのは修だけでなく、恵子も同じだった。特に恵子の場合は昇・カズ夫妻と修との間の調整役を果たしていたから、家庭の平安のために押し殺した思いも多く、それが習慣化して、半ば諦めの境地に陥っていた。

「家を出て自分たち六人だけで暮らす?! もちろんそうできれば、どんなにいいことか! 私だって、どれほどそれを望んでいることか。でも、そんなこと到底不可能なのよ。あなたには、それも分からないの? 私はそもそも原家の養子になるためにこちらに来たのよ。私たちが結婚した日、母から渡された手紙にも書いてあったでしょ。『ご両親に最も良き奉仕をし、お祖母様によく仕え、家事にいそしみ、どうか皆様から喜ばれ、愛せられる二人であって頂きたい』って。私たちはこの家からは出ていけないのよ」。そう言いたかったが、それもできないほど恵子は無力感に押しつぶされていた。

かつて子供時代、遊びにいっては楽しい思いをさせてくれたカズたちも、大人になって一緒に暮らすようになると、当然「エッ?!」と予想外のこともあれば、無数の小さな軋轢も生じてくる。恵子はそれらをグッと自分の中にしまいこんで生きた。

皮肉なことに、外国で生まれ育ち、幼いころからしっかりと自分の意見を持ち、十歳にしてパーマをかけたいと母に要求し、自由学園では委員長もつとめて天真爛漫に少女期・娘時代を生きたこの人が、そう、きわめて近代的な育ち方をしたこの人が、結婚して予想外に古風な前近代的な生き方を強いられることになってしまった。外国にいる日系人エリートの文化は、時には日本国内以上に日本的である。

昨今は、自分のことをまず一番重視し、自分に合わない環境からは飛び出していってしまうという風潮が強い。良きにつけ悪しきにつけ、我慢などしない。まわりの人たちの思いなど無視して、自分の気持ちに正直であることが、まずは重要とされている。そういう今日的な女性とくらべて、恵子はまさにその対極にあった。彼女は動きが取れないと見たら、ひたすら耐えた。母倭子と恵子の違いはここにある。倭子は耐えるということとは無縁だった。動きが取れないなどということとも無縁で、常に行動し、思いをその行動で発散させていた。

後年、恵子は姉由紀子の家を訪問中、お皿を洗っていて手を滑らせて茶碗を割ったことがある。「お姉ちゃん、私、原の家に入ってからお湯のみ一つ割ったことがないのに……」とショックを受けているのを見て、「可哀想に、何十年もそんなに気を張り詰めて暮らしてきたのか」と由紀子は胸を突かれた。

アルゼンチン経済の悪化と商会の破産

高木が修に独立を思いとどまらせたのは、多分よかったのだろう。アルゼンチンは一九五〇年代半ばに、労働者寄りのペロン政権が軍部により倒され、暴力と混乱の時代に突入していった。農牧業を中心とした産業構造の転換をはかり、重工業化に力を入れていく政策をとったが、これに失敗し、経済は明らかに下降期に入っていた。頻発する政変やクーデターなど政情不安が経済事情の悪化に拍車をかけ、人びとの生活は逼迫する一方だった。六〇年代に入ると、ペロン主義者と軍部の対立が激化し、ペロン派武装軍団が軍部と都市ゲリラ戦を繰り広げて、暮らしはますます不安定で社会全体が生きにくい時代になっていった。あの時家を出ていたら、一家は本当に路頭に迷うことになったかもしれない。商売ができないと昇に責められるようになったのも、修の能力の如何以上に、時代そのものが悪かったことも関係していただろう。

恵子を飛行機で呼び寄せたり、家族全員を一等船客として日本へ往復させるほど財力のあった原商会の全盛時代は、明らかに過ぎ去っていた。質の良さを売り物にしていた商会の繊維商品は、競合相手の安い化繊製品に押され、売れなくなっていく。布地の見本をたずさえた地方出張先から修はこまめに家に手紙を送っているが、その中にも厳しい状況が描かれている。

「六月七日：今日も一日どんよりとした寒空がひくくたれこめて今にもひと雨来そうな天気でした。午前中はサンティアゴのお客さんをプラサ中心に軒並み廻りましたが、いづれも夏物はすでに買ったとかブエノスへ行って値段や流行をしっかり見とどけてから買うとか言って、見本を見ようともしません。たまに見ても値段と柄が釣り合わぬと言い……午後は昼食後休み返上でラ・バンダへ出かけ、ホルへ君の紹介先を次々と廻りましたが、遂に一枚もノータ（仮契約）を作ることが出来ませんでした。ラ・バンダは中以下の安かろう悪かろうの品がインデオ相手によく出るようで……」

およそ一週間にわたるこうした出張中、修は売買契約獲得のほかに、各地で原商会の代理人と会ってコミッション料金の交渉をしたり、呑気な彼らに発破を掛けたり、滞っている支払いを要求するなど、一筋縄ではいかない難しい業務も任されていた。

「六月十日：ロンダル君を訪ね色々話をしました。夫人は現在病気で床にあるとか、六ケ月前ついに未支払い分を要求して起こした訴訟に近く勝つはずだから、小生に対する借財はその時返済するとか……色々言っていましたが、どこ迄真実かはわかりません……」

商品は売れず、集金も思うようにいかないという状況で、借金だけが膨らんでいった。修は体調が優れず、気分が悪い。胃が痛む。そのたびに薬を飲んで少し休み、だましだまし働き続けた。原商会の状況はさらに悪化し、昇はとうとう会社を二つに分けて自分と修の分を別々の名義にした。商会の資産のせめて半分でも守ろうとする苦渋の決断だった。

一九七〇年、修持分の方はついに破産、サエンズ・ペニャの家は借金の抵当にとられて手放さなければならなくなった。ベルグラーノ大通りにある原商会の建物は昇の資産として手元に残り、一家八人はこの建物とその隣の２ＬＤＫぐらいの賃貸アパートに分散して移り住んだ。これまでの大きくて重厚な家とは格段の差。それは悲しい引っ越しだった。

アパートの一室にはお祖父ちゃんとお祖母ちゃん、もう一室には素と光が入った。恵子、修、涼は商会建物の奥の方にあった食堂兼倉庫スペースのような所を家具で仕切り、個室ふうにしつらえて住んだ。日も当たらない暗い部屋でガスも通っておらず、十キロのガス・ボンベを買ってきてコンロで煮炊きした。トイレはあったがまともな洗面所はなく、お風呂はひと苦労だった。あやは回想する。

「父の健康は思わしくなく、突然降りかかってきた災難に呆気にとられて過ごした辛い日々でした。私にはそれでも大人たちの思いやりでアパートの小さな女中部屋があてがわれました。でも不満に思っていました。一度引っ越しを手伝うため会社の人の奥さんや知り合いがサエンズ・ペニャに来て下さり、皆で荷造りをしていたとき、何がきっかけだったのか思い出せないのですが、私は母に向かって『どうして女中部屋に行かなくてはならないのよ！』と言ってしまいました。そのとたん母にほっぺたを打たれました。涙も出なく、茫然と突っ立っている私に、ある奥さんが『あやちゃん、お母さんの気持ちも解かってあげないとね』と言いました」。

お嬢様育ちだったあやが無邪気に発した文句は、母の胸を貫いたのだろう。病気がちの夫、事業の失敗、住み慣れた家すら失ってしまって、恵子は不幸に押しつぶされまいと必死で踏ん張っていた。しかもその前年、恵子にはもう一つ大きな「不幸」があったのだ。それは……

母倭子との別れ

一九六八年七月、恵子は十六年ぶりに日本に帰国した。神経肉腫という病気に侵された母、倭子の看病のためだ。

十六年前、恵子と修が結婚してブエノスに発ってから二年後の五四年、大谷に新しい日曜学校の校舎が完成した。その後、今度は老人ホームを作りたいと倭子が切り出したのは、彼女自身が六十歳になった一九六〇年のことだった。そんなお金もないし、もうこれからはのんびり過ごしてもらいたいと、子供たちは猛反対。「でも、これは神様とのお約束なの」と倭子は動じない。何年か前、近くに住むおばあさんが嫁との折り合いが悪く、入水自殺をするという事件があった。悲しむ倭子に、神は「老人の友となりなさい」と告げられた。「もう少しお待ちください。子供たちが独立したら、必ずそういたしますから」と、その時、神と交わした約束を果たす時がいよいよ来たのだと倭子。「お金のことは心配していない、必ず神様がどうかしてくださるから」と言う。十五年前、荒地に入植した時と同じように、神に対する揺るぎない信仰を持ち続けている倭子だった。

そしてまるで奇跡のように、今度もその通りになった。「あの人になら、村が持つ共有地千坪をただで貸してもいい」と村人たちが申し出てくれ、建設費は話を聞いて感激した地元の工務店主の協力と各地からの寄付金でどうにか賄えた。こうして六三年、入所者十六人用の小さな老人ホームが完成した。当時と

愛真日曜学校献堂（1954 年）。後列中央が倭子

愛真ホーム全景
（三木市志染町御坂老谷）
1963 年

しては珍しい全員個室制、たった四畳といえども、自分の城だ。そのほか食堂や娯楽室、医務室などの共有スペースを持つ「志染愛真ホーム」が、老人問題などまだ想像できる人も少なかった時に、時代に先駆けて作られた。

愛真ホームの設立を実現させてから、倭子は今度はこのホームをさらに拡大し「軽費老人ホーム」へと組織変化させて、行政の支援も得られるようにしたいと奔走していた。その最中に、「左腹部神経肉腫」という難病に倒れたのだ。激しい痛みを伴うのが特徴だが倭子はぎりぎりまで我慢し、家族に訴えたころにはガンはすでに手の施しようのない状態だった。「あと数カ月……」と言われ、恵子が呼ばれた。十五歳から八歳までの子供四人の世話を修や原の両親に頼み、苦しい家計の中から旅費を捻出して、恵子は飛び立った。

「病あつしの報に取るものもとりあえず、三十六時間の飛行機の旅をして母のもとに飛んで帰った、あの時の母のよろこびを思うとせめてもの慰めです。毎日毎日が金のように尊い時でした。きょうだい四人そろって母のまわりに集まった時、十六年間のへだたりも忘れブエノスの時のようね、夙川の時のようね、それぞれ子供達迄ある私達は昔に戻ったようでした……。ブエノスから恵子が飛んで帰ってくれて……とお見舞いに来て下さる一人一人に話していた母の嬉しそうな顔。どうしたら少しでも苦しみを楽にしてあげられるかしらと手をつくす私達に、あなた達は私にこんなによくしてくれたようにそれぞれのお母様におつくしなさいね、と言われました」。

ひどい痛みと食欲不振。それでも母は恵子が作った料理だけはびっくりするほど食べてくれた。一緒に聖書を読み、讃美歌を歌った。母が一番好きだったのは、三百三十一番。「主にのみ十字架を負わせまつり、我知らず顔にあるべきかは」。この痛みはキリストが背負われた十字架の痛み。自らも背負うことで少しでもキリストの苦しみを和らげたいと、倭子は耐えていた。

母を心配させぬよう苦しい商会の事情や修と昇の軋轢など悪い話は伏せ、元気に育ちゆく子供たちや郊外の広い別荘のことなど、楽しい話ばかりした。しかしそこには、死を察する母と、それが分かっている娘との切ない時間が流れていた。そして、別れの日が来た。これが永遠の別れと恵子の胸は張り裂けんばかりだった。恵子は書いている。

「短い一ケ月の滞在期間がすぎて母と別れる時間が近づいてきました。この日この時の必ず来る事を思い、私はブエノスから帰る事をちゅうちょした程でした。たとえお互いに健康であっても、世界の東と西に別れて住む場合再会を約束することはむづかしいのに、明日もわからない弱りきった母をのこして去る事は本当につらいことでした。もう少しいて上げられないのとせめるように言う姉や弟、どんなに薄情者に見えたでしょう。私ももっとそばにいて上げたい、ゆるされる事なら一ケ月でも二ケ月でも。けれどやはり各自の責任ということを考えました……十六年ぶりにかたくかたく母の手をにぎったその日から丁度一ケ月目、もう一度暖かい手をにぎって。藤色のゆかたを着て窓で手をふっていた母、なつかしい母の姿、何回も何回もふり返って手をふりました……」

近くにいればいつでも飛んできてあげられる。電話もかけられる。だから「じゃ、またね」と気楽に別れられるのが、遠いところに住むがゆえに「もうこれが最後」と覚悟して別れていかなければならない。

どんなにつらかっただろう。母の方も、いたたまれなかったのだろう、早速病床からペンを取っている。

「只今五時半、日航機はあなたをのせて東京へ飛び立った。伊丹に見送る沢山の人、会うは別れのはじめ、別れは会うのはじめ、再び地上で相見ることは出来なくとも、私共は天国での再会が確実に約束されていますから心楽しい。長いようで短かったこの一カ月、……本当に有難う……二十二日午後五時半、母より」。

そして、翌日羽田から飛び立つ直前の恵子の電話を受けて、また書いている。

「先刻はもう一度恵ちゃんの声をきいて嬉しいでした……夕陽まさに山の向こうに沈まんとしています。美生ちゃんが台所で美味しい香りをさせてお料理をしています。敬もやがて帰ってくるでしょう。別れることは辛いことでしたが、あちらにはまた愛する貴女の家族が首を長くして待っているのです……どんなに楽しんで待っているでしょう。幸福な家庭に帰っていくのですもの、この一ケ月間を有難うと言って、あちらに帰って頂けばよいのです。弱い人情は禁物と思いながらやはり人間の弱さでつい泣いてしまって。楽しいお家に帰れる恵ちゃんは雀のように飛んでいく、本当にそれは幸福なことで母親としてもこれ以上嬉しいことはありません。……六時五分、羽田を飛び立った恵ちゃん有難う、有難う。お父様、お母様、修さん、文ちゃん、涼ちゃん、素君、光君どうも有り難う。長い間さびしかったでしょう。雲の中へとだんだん地上から日本から離れていく恵ちゃん、サヨウナラ。すずめ、すずめ、今日もまた　暗い道をただ一人、林の奥の竹藪の　寂しいお家へ帰るのか、いえいえ皆

鉄筋づくりの新志染愛真ホーム（1997年に完成）

さんあそこには、父さま、母さま待っている　楽しいお家がありまする。皆さんサヨナラチュッチュッチュ。

二十三日午後六時五分、母」。

恵子がどんなに伏せていても、母親の勘で倭子はブエノスでの恵子の生活が苦労多いことを感じとっていたのではないか。「愛する家族」、「幸福な家庭」、「楽しいお家」などの表現が繰り返し出てきているのも、そういう家庭に戻っていくのだと信じたい母親の切ない思いが吐露されてのことではないか。

恵子がブエノスに帰ってから七カ月後、岡島倭子は一九六九年三月十八日、うわ言のように「神は愛なり……」と言って静かに息をひきとった。六十九歳だった。

せめてもの慰めは、倭子が昏睡状態に陥る前に、あれほど力を注いだ軽費老人ホームの設計図や完成予想図が枕元に届いたことだった。具体的に建設の目途がついたというわけではなく、倭子を励ましたいという皆の思いやりのプレゼントだった。倭子が亡くなってから計画は失速し、入所者三十人用の新しい鉄筋のホームが完成したのはじつに三十年近く後の九七年のことである。それも信じがたいような事態の展開ゆえだった。

建設が予定されていた明石海峡大橋の着工が八八年にはじまり、淡路までのバイパスが倭子名義の大谷のあの開墾地を通ることになったのだ。その地と等価交換で軽費ホーム用の土地等が提供されるという。知らせを聞いた時、由紀子は「おばあちゃんが天国から愛真ホームのために土地まで用意してくれていたんだわ」と泣いた。由紀子の娘で倭子に一番近かった孫美生子も「祖母のあの苦労の開拓期間も神様のご計画だったことをこのとき誰もが実感した」と言う。こうして蘇った「志染愛真ホーム」は、倭子の長男岡島敬を理事長として、二〇一二年の今も六甲山系裏の小高い丘の上にゆったりと存在している。

旅立ちの光と影

人の移動が容易になればなるほど、つらい別れをする親子が増える。

倭子が病床から恵子を見送っていたちょうど同じころ、悲しみに耐えて娘を南米のチリに旅立たせたもう一人の母親がいた。倭子もよく知る篠田夫人だ。篠田家の三女アキコは、大学で知り合った米国青年と結婚するため、反対する親たちを説得し、ついに諦めさせて、日本を去ったのだ。

羽田空港へは両親が送ってきた。車が空港構内に入りターミナル・ビルが見えてきた時、隣に座っていた母が体を寄せてきて、ぎゅっと娘の手を握った。そういうスキンシップの習慣のない家族だったので、娘は居心地の悪い思いをした。「もう何も言わないけれど……」そこまで言うと、母は絶句した。そしていっそう強く娘の手を握り締めてくる。彼のもとに飛び立とうとしている娘には、その母の手が重くうっとうしかった。

それから三十三年、今度は彼女が娘を巣立たせる身になって、あの時の母の気持ちが痛いほど分かった。当時、チリといえば電話一本かけるにも何人ものオペレーターを通す大変さで、行ってしまえば多分もう声を聞くこともない地の果てだった。母が訪ねていくこともなければ、娘が里帰りするのもままならない。そんな最果ての地に、先の定まらない外国の男のもとに娘をやってしまうのだ。どんなにつらかっただろう。

あの日、娘を送って家に戻った親は二人で泣いたという。「こんな淋しい思いをさせるような娘に育ててしまってすみません」と詫びる母に、父は「俺はいい、俺は男親だから諦められる。が、お前が可哀そうだ。女親は娘を近くに置いて、幸せにやっているかどうか確かめたいものだろうに、それもできない遠いところに行かれてしまって……」と、ほろほろ涙をこぼしたという。若いということは、何と残酷になれることか。両親にこんなに淋しい思いをさせてしまったことに、いまアキコはどんなに詫びても詫びきれない。

もう一人、バンビちゃんがいる。彼女は後に原家の次女涼が結婚した日系人「ボウヤ」の妹だ。小鹿のように可愛かったので、バンビという愛称で呼ばれていた。バンビは可愛いだけでなく、ブエノス随一の難関校に通った秀才でもある。美しく賢く育っていく娘をお母さんのスサーナさんは、それは可愛がっていた。そのバンビが、一年の予定で留学した日本で好きな人ができ、ブエノスに帰らないと言ってきた。「その人を連れてきて、ブエノスで暮らして」とスサーナさんは泣いて懇願した。二人は会いには来てくれたが意志は固く、説得にも折れず日本に戻ってしまった。母は最愛の娘を失った。それだけではない。「いいじゃないか、日本で暮らしたいと言うのなら、そうさせてやろう」と言う夫に、「あなたは母親の気持ちというものがまるで分かっていない」と絶望し、離婚を宣言した。

子供を遠いところに出すことには、常にこういった可能性がつきまとう。その地で大切な関係がはぐくまれていき、後にしてきた地での大切な関係が維持できなくなってしまう。結果的には、どちらかの絆が犠牲にされるという過酷な選択だ。グローバル化で簡単に外国に行けるようになると、バンビのような人がますます増えていく。子は親を乗り越えて自分の道を開いていくといわれるが、その背後には重い哀しみや喪失があるのもまた確かだ。

去年、五十二歳になったバンビが、久しぶりに一人でブエノスを訪れた。母や兄弟親戚、旧友たちと会って、元気いっぱい盛りだくさんの、それは楽しい休暇を過ごして日本に帰っていった。それから数カ月後、バンビは突然亡くなった。彼女は夫と二十一歳の一人娘と幸せに暮らしていた。その朝少し風邪気味だったので、二人を送り出してから、薬でももらってこようと歩いて近くの病院に行き、着いたとたんに倒れて亡くなった。血栓が肺に詰まる肺塞栓だった。ボウヤが日本に出向き、ブエノスのお墓に入れるため少し遺骨をもらってきた。八十五歳のスサーナさんは、神に対して怒り狂っている。「私のように何の役にも立たない年寄りを連れていかないで、なんでバンビなのよ！」

第六章　修の病気

日本での治療

一九七一年八月、修はついに専門医の診察を受けてガンが判明した。それも腸から肝臓に転移しており、一日も早く手術が必要だ。手術しても、長くて五年、場合によっては一年もたないと、容赦ない医者の言葉だった。この日、修は熱を出して寝ていたので、恵子は昇と結果を聞きに行った。本人にはとても告げられない。嘘をつき通そうと決め、「よかったわ、悪性ではなかったのよ。手術したら大丈夫だって」と報告した。修は恵子の言葉を信じてにっこりした。

しかし手術と言われても、やせ細って病床にある修を見ていると、ここで手術に踏み切るのが最善なのか、あるいは日本に帰して手術・治療を受けさせてあげるのがいいのか、恵子は悩みぬく。思い余って昔から親しい宮本商会の夫妻に相談すると、「まだ体力のあるうちに日本に帰してあげなさい。そのための安い運賃の便を手配するから」との強い勧め。お母さんの墓参と、別れて二十年になる兄弟たちに会いたいというのが修の日ごろからの念願だった。こうなっては今のうちにそれをかなえてあげたい。日本では恵子の妹の夫、藤田辰夫の一族が医者で、引き受けてくれるという。原の両親もこの案に賛成し援助してくれた。修は日本行きが決まってからは本当に嬉しそう。手術をすれば元気になると信じていた。

宮本さんの特別な計らいで、ことは超スピードで進み、修は九月四日出発、七日にはもう神戸の川北病院に入院して、さっそく一連の検査をはじめていた。修の衰弱は激しかった。身長が百七十五センチあるのに体重は四十六キロ。貧血もひどく、ただちに点滴と輸血が処方された。内視鏡検査で結腸に相当大きなガン病巣が見つかったし、肝臓の腫れも肝ガンに違いない。これはもちろん修には知らされず、恵子に報告されてきたものである。

恵子の姉妹一族をはじめ、修の実家のある柏崎からは兄の穣三や姉の郁子らが駆けつけて、涙の対面を果たした。彼らの手厚い看護と病院側の適切な処置で、修は少しずつ体力をつけ顔色もよくなった。しかし検査の結果や本人の状態から見て、手術はかえって悪い結果をもたらすだけで、ブエノスに戻る体力もなくなってしまうかもしれないと懸念された。が、手術もせず帰すことを本人にどう説明したらいいのか、医者や兄弟たちは思いあぐねた。インターネット以前の時代で国際電話は高く、つながりにくかったので、緊急連絡の手段はもっぱら電報だったが、この時ばかりはブエノスに電話して、恵子の意見を求めた。結局九月十七日に開腹手術をすると決まった日、修はブエノスに長い手紙を書き、「生きるも死ぬるもただ感謝あるのみ」と言って、次のように書いている。

「私は遂に二組のご両親に大不孝をしてしまいました。私の不明と到らざるが故にお父様お母様には底知れぬ経済的精神的御負担と不名誉をおかけし名誉ある原家の名をけがしてしまいました。そして亡き父母には私の不節制により、せっかく完全な五体としてはぐくみ与えて下さいましたこの体に今、大きな傷をつけようとして居ります。かえすがえすも何たる親不孝者かと自分を責めても責めきれぬ思いで一杯です。ここに改めてお詫び申し上げます。どうか過去の事はお許しください。そして更に手術の結果私にもしもの事が御座いませば御両親に先き立つ不孝を重ねる事になりますが、その時は恵子と四人の子供を宜しくお願い致します。私も全霊を盡して生きる為に頑張ります」。

十七日夕方「シュジュツブジスンダタツオ」という電報がブエノスへ送られ、追って詳しい報告が手紙で届いた。腸内には数センチにわたってガンの腫瘤があり、閉塞寸前の状態になっていた。その部分は完全に切除できたし、腹腔内のリンパ腺転移は見られなかった。問題は肝臓への転移で、それも切除不可能な場所。制癌剤の効果的投与で対応するしかないが、遅かれ早かれ肝臓が命取りになるだろう。なお本人には、肥大したポリープを除去したが、慢性の腸炎を長期間放置しておいたため、慢性の肝臓障害が残っているので、当面はその治療に専念すると伝えてあるとのことだった。

愛されて、癒されて

手術後、腸が動きはじめガスが出るようになるまでの三日間、傷の痛みとしゃっくり、滝のように流れ出る汗で「一刻一刻が千刻の思い」の地獄の日々だったと修は回想している。皆が夜を徹して看病してくれても、この苦しみは自分一人でただ黙々と耐えるしかない。

「人間とは何と孤独な存在なのだろうか。この世を去る時もやっぱりこうして全てを己が身に耐えていかねばならぬのかと思いますと、仏教でいう『無常』の言葉がひしひしと胸に迫って、ひときわわびしく感じました。そして生ある中は『日々是好日』として黙々と働き楽しく食して憩うといった全く平平凡凡な生活の中に最大の幸福が秘められているのではなかろうか。健やかなる時はそれが当然の事のように感謝の心もなく、ささいな不満に心を満たして居りましたが、今こうして現実に塗炭の苦しみを受けてみますと、今迄が如何に不遜な生活であったかと言うことがわかり自分の至らなかった事が責められます」。

人は往々にして不幸には敏感で、幸せには鈍感だ。手術から一週間後に書かれたこの手紙で、修はさらに続ける。

「穣三兄の話ではもう少し手術がおくれていたら腸閉塞を起こし、すでにこの世にはいなかったであろうとの事でした。それにつけても私を快く訪日させて下さいました御両親、この話を是非実現させたいとすすめてくれた恵子、幼い心を痛めながらも見送ってくれた四人の子供達、手続きをたった二日でして下さり四日の飛行機に間に合わせて下さった宮本旅行社のお一人おひとり。羽田で私を迎え直ちに関西へお送り下さいました八平様はじめ皆様、関西では藤田辰夫様はじめ岡本、岡島の諸兄弟姉妹の方々。翌七日の私の入院を認め直ちに手を打って体力恢復につとめ、遠くアルゼンチンより手当を受けに来たのだからぜひとも元気でアルゼンチンに帰って貰わねばならぬと全院をあげて至れり盡せりの看護をして下さった川北病院の院長先生はじめ婦長さん看護婦さんに至る迄、誠に多くの人々の心を一つにした御協力がなければ、四日の夜アルゼンチンにいた私が七日の朝には日本の病院に入院していると言った奇蹟的早業はできませんでしたでしょう。こうしたお一人おひとりが私の生命の恩人です。私は何という幸い者であろうかと思うにつけ泣けて仕方ありません……」

「九月二十七日――嬉しい皆様からの手紙と同時に今日は三通も一度に日本各地からお見舞いのお便りを頂き本当に嬉しく一つ一つ涙を流して読ませて頂きました。神様はとうとう私を生かして下さいました。みんなの切なる祈りに応えて下さいましたのでしょう。そして手術によって悪い所が取り除かれたばかりでなく、この手術を通して新たに生まれかえさせて下さったのです。も早や私は旧い修ではなく全く新しい健やかな希望に満ち溢れた力のある修になったのです……人間やはり一度生死のどん底に突き落とされてみませんと今迄の己の至らなかった点に真に気がつかぬもので……」

この後も修は「心の中からこんこんと溢れ出てくる喜び、人を愛せずには居れない衝動」などについて語り、これからはどんどん道が開けてくるだろう、いつも喜びに溢れている人のまわりに悪いことなど起こるはずがない。「だから恵ちゃん、勇気をお出しなさい、楽しみにして私の帰りを待っていてください」と呼びかけている。真相を知っていた恵子はさぞつらかっただろう。

人は大病を克服し死の淵からよみがえった時、このような強烈な幸福感《ユーフォリア》を経験するようだ。幸福感そのものは長続きしないかもしれないが、大病を通して知る「平凡な日々の営みにこそ最大の幸福が秘められている」という実感は、生き方を根本的に変える力を持っている。仕事や社会での地位は人生の本質ではなく「おまけ」に過ぎない。そういう姿勢で人生を生きていけるようになる。いくら良い仕事をしてまわりから高い評価を得ても、体が痛み、何を食べても不味く、排泄も快適にいかない。暖かい日の光を浴びても、ぐんぐん育つ野菜畑を見ても、体の中から喜びや力が湧いてくることはないというのなら、幸せな人生とは言えない。「病を得る」という表現は、じつに当を得ている。しかしそれは病後、ある期間生き

手術後、故郷の柏崎で兄弟たちと。中央が修

られる人生のある人の話で、せっかく会得した感謝と喜びの人生をあまり長く生きられない人もいる。

修は退院してから故郷の柏崎に帰った。日本各地から兄弟衆が集まって大晩餐会が開かれたが、修はあまり食欲がなかった。奥庭の見える静かな純日本風座敷で体を休めること一週間、十一月十二日、ブエノスへと帰国の途についた。制癌剤エンドキサンを試してみたが副作用が激しく体力が持たないと判断した藤田医師は、東京の丸山医師のもとに出向いて丸山ワクチンを六十本入手し、帰国後も自分で打てるよう修に注射の指導をした。

愛される資格などない自分が、「まるで宝石のように尊い何者かであるかのように有形無形の愛を受けた」と修は深く実感し何度も涙している。このような実感こそ何よりも大きな癒しになり、この訪日の一番の成果だった。日本を離れて二十年、愛する家族に恵まれながらも、ともすれば責任ばかり大きな生活の中で、修はもう久しく人に甘えることも甘やかされることもなく、孤独だったのではないか。これは修だけでなく、外国に住む日本人に多かれ少なかれ言えることだ。誰にも甘えず自立して生きていく。その孤独を癒し元気をくれたのが、日本への旅だった。もっと甘えていいのだ。兄の一人が帰国を前にした修に出した手紙は、この点でまさに当を得ている。「どうかブエノスに帰られたらグチを聞いてくれる人を持たれるよう祈っています」。

修は病気のことだけでなく、ドルショックに揺れる一九七一年秋の日本の様子も手紙で書き送っている。

「亜国の政治・経済界も大変なようですが現在日本は渾沌と言う言葉がぴったりで昔の鼻意気は何処へやら、全く意気消沈と申す他ありません。沖縄問題、ドルショックと打ち続くパンチに戦後最大の農作物不作と泣き面に蜂、中小企業は工場を閉鎖して世を挙げてボーリング場へ模様替えしているのが現状です。やり切れぬ気持ちをボーリングで爆発させているのでしょうか……それでも労組はドルショックに鑑みてボーナスの要求額を大幅に下げたとか、何処かの国のように何が何でも要求するのとは違う所日本らしいです……」

キンタ（別荘）の夏

修は十一月十三日、皆が待つブエノスのエセイサ国際空港に無事到着、そこから夏を過ごすキンタ「胡桃の木」に直行した。帰国翌日の日記に修はこう書いている。

「十一月十四日　晴――昨夜はさすがにねつきが悪かった。急激な変化によるものであろう。今日は何と素晴らしい朝であろう。一家してくるみの木陰で朝食を頂く。美しく澄みわたった大空、自然のにおい一杯を含んでそよ吹く風、したたるような緑、小鳥のさえずり、全てが事新しく新鮮であった。おいしいパンと牛乳に思わず食が進む。光が持ち帰ったカツラで仮装して皆を笑わす。食後長椅子で休む。父は相変わらず一生けん命に庭の手入れをしている。何時までも健康であれかしと祈る。恵子も割合に顔色よく元気であるのに安心する。昼食は久しぶりのアサード（バーベキュー）に舌つづみを打つ。日本では肉を見ただけで食欲がなくなっていたのにどういうわけだろう。夕方恵子一人のこり皆が帰った後くるみの木陰で讃美歌を二人して歌う。恵子涙を流す。本当に御苦労であったと思う……」

以降三月十六日、町の家に引き上げるまでの四カ月を修はキンタで養生した。比較的元気だったのは帰国後の二～三週間だけで、その後、病状は確実に悪化していった。肝臓の腫れがひどくなって胃が圧迫され、食事が困難になる。便通も悪い。熱も出る。そして二月に入ると咳が出はじめ、肝臓や胃腸に響いて苦しい。足がむくみ、三月になるとお腹もパンパンに腫れてきた。医者の来診で、腹水が溜まっている。取った方がいいが、そのためには町に戻る必要があると言われた。体重が増えるのがおかしいと思っていたら、水だったのだ。何も知らない子供たちは、体重計に乗る父のまわりで「昨日は百グラム、今日は二百グラムも増えてるよ！　お父ちゃん、このごろ太りだしたね」と大喜び。日本の藤田医師から帰国後の予想と注意として「黄疸、腹水、激しい腰痛、しゃっくりが現れたら自宅では無理なので医師と相談して入院されたし」と言われていた。とうとうその日が来てしまったのだ。キンタでの日々を恵子は回想する。

「気分のよい時はくるみの木かげに椅子をもち出してお茶を頂いたり、あるときはもう薄暗くなる迄夕やけに映える美しい夏の空をあかずに眺めたり、今夜はよく蛙がなくねと耳をかたむけたり大自然のいとなみは苦しい病人にとって深いなぐさめであったようです。ゆっくり休養し栄養をとりワクチン投与によって普通の病人なら日ましに恢復するはずの所、修さんは私共の心からの祈りも看護も空しく日々衰弱してゆきました」。

アルゼンチン帰国後、キンタの別荘で療養中の修と子どもたち

あやも当時のことをこのように回想している。

「父の私たち家族との最後の夏休みは、祖父が購入した『胡桃の木』という名前の別荘でした。確かに胡桃の大きな木が二本あり、そのうちの一本の陰にリクライニングシートが出され、父は殆どそこに横たわっていました。父も私たち子供も父が癌に侵されていて、日本で開腹した時には手遅れだったことは知らされていませんでした」。

しかし、父はある偶然から自分の病状を知ってしまう。帰国後、陽子から恵子にきた手紙を偶然読んでしまい、自分がもはや手のつけようのないガンであることを知ったのだ。

ある夕方、あやは別荘の近くに住んでいる男の子と自転車で森まで行った。この森には蛍がいる。その蛍を捕まえてきてお父さんに見せてあげようと思いついたのだ。ポリエチレンの袋に何匹も蛍を捉えて、勇んで家へ帰った。門限の八時はとうに過ぎている。家に着くとお母さんが怖い顔をして「お父ちゃんが心配しているから、早く顔を見せてきなさい！」と急かした。

恐る恐る父の部屋に行くと、父は電気もつけず臥せっていた。

「お父ちゃん、ごめんね、遅くなって。でもたくさん蛍、捕ってきたよ！」差し出した袋を、父は思いがけない力でバシッと払いのけた。袋が飛びはねて、逃げ出した蛍が暗闇の部屋の中を舞いはじめた。ポー、ポゥーとお尻の明かりが室内を乱舞するのをあやは呆けたように眺めていた。

「蛍より、お父ちゃんはあやちゃんがそばにいたほうがいい。この気持ちが分からないのか」と父は絞り出すような声で言った。自分の余命が短いことを知った頃だったのだろう。

こうして夏は過ぎていった。

初秋の朝

三月十六日、ついに町の家に帰ってきた。腹水で腫れあがった腹部。身動きもできないし、何も食べられない。水も飲めない。早く抜水してほしいと医者に懇願するが、取るとそれだけ死を早める可能性があるから、できるだけ先に延ばそうと言う。確かに取るたびに衰弱がひどくなっていく。四月四日、三度目の抜水三・八リットルの後は、何か言っても聞き取れないぐらい弱っていた。「四月六日、しゃっくりに悩まされ、いよいよ状態が悪い……でも、一時頃くず湯を飲み、三時半頃黒川さんが作ってきて下さったおはぎをとても喜んでおいしそうに頂いた（！）のが最後で、六時頃しゃっくりを止めるため立ち上がったが、そのままベッドに倒れ意識不明におちいった」と恵子の日記。それから後のことを、恵子は次のように書いている。

「昏睡状態のまま一晩を過ごして夜は明けました。長い長い夜でした。私は服のままじっと修さんのベッドの横に座っていました。ついに来たるべき時が来たのだろうか……横たわる修さんを、何とかして私の許に引きとめたい、もう一度目を覚まして、『恵子、水』と言ってくれないかとじっと見守りつづけました……子供達はそっと病室をのぞいて静かに学校へ出てゆきました。七時半にドクトルが来診、じっと脈をとっておられたが、この注射を今一本、三十分したらもう一本打ちなさい、心臓のはたらきを助けるからと言って薬を置いてゆかれたのも、後になって思えばあまりにも哀れなまなざしでドクトルを見上げる私に臨終だと言えなかったのだと思います。八時二十五分、それ迄かすかにあった脈が止まり修さんの肉体は苦しい癌との戦いを終えて霊は神の御許にかえってゆきました。そこには西巻の御両親がそして岡島のお母さんが『修さん少し早く来すぎたのではないの』と言いながらも待っておられるのです。心をこめて、修さんのやせて落ちくぼんだ顔が少しでもよく見えるようひげをそって上げました。几帳面できれい好きだった修さんの最後にふさわしいように。まだあたたかい修さんの顔は眠っているようでした。街路樹の葉がパラパラと舞うようなしずかな初秋の朝でした」。

子供たちは誰も父の死に間に合わなかった。お通夜、お葬儀と続いたそれから数日間の記憶は途切れとぎれではっきりしていないとあや。混乱と後悔、絶望の中で「何とかして父に会いたいと、眠ってばかりいました。三日目、夢に見なれた背広の格好で父が現れ、『あやちゃん、もういいよ、大丈夫だから』と言ってくれました」。

一九七二年四月七日、修享年四十六。恵子は四十五歳で、長女のあやは十八歳、末っ子の光はまだ十二歳だった。「最悪一年」と言われていたのに、たった八カ月で逝ってしまった。

修のいた日々

あやは修と原家全体の生活関係を、クールな目でまとめた一文を書いている。

「父と母にとっての原家は、ある面で生活が保証される大きな傘だったでしょうが、果たして暖かい憩いの場だったか……違うと思います。祖父の存在は家長として絶対的でした。父にしてみれば、会社では上司、家に帰ってもまたその社長／舅と顔を突き合わせて暮らさなければならないのですから。

また祖父原昇はどちらかと言えば暖かい人柄では無かったように思います。食事のときですら、きちんとワイシャツにチョッキを着ていて、その母親のむみおばあちゃまは、この人もまた一切隙のない着物を着てぴしっと結いあげた髷には一本の髪の毛すら垂れていません。勿論カズお祖母ちゃん、母や私たち子供もそれなりに正装して食卓に向かうのです。食事の作法は厳しかった。何処に出しても原の人として恥ずかしくないようにと、小さいころから箸の上げ下げまで煩く言われました」。

「毎年、クリスマス前になると父は祖父の命令で地方に出張しました。反物を大量に買い込むユダヤ人やアルメニア人の元へ集金に行かされたのです。優しい父と商売上手で悪賢い相手では堪ったものではありません。出張先からそれでも家族に土産を持って帰ってきた父の顔色の悪さ、すっかり消耗したような姿、祖父の説教……きっと商売は失敗に終わったのでしょう。大変な金額が払われない、原商会は火の車、そして倒産。住み慣れたサエンズ・ペニャの大きな家を担保にし、その後売りに出されたのも、父に商売の才能が無かったからでしょう。父は胃潰瘍になっていました。父はお酒も飲まず、タバコも吸いませんでした。全てストレスから来た病状でしょう。原家の問題ごとはうすうす感じながらも、私たち姉弟は賑やかに過ごしていました。後から母に聞いたのですが、私たち四人が祖父たちと両親の間のクッションになって、どんなに救われたかと」。


恵子と修の歴史。もしもあの朝、修が空港バスまで恵子のスーツケースを持っていく役を仰せつかっていなければ、そしてそれから一年半後、恵子があの時にちょっと会っただけの修を思い出して「あの人ならいい」と言っていなければ、二人の人生はどんなものになっていただろうか。修は一生を日本で過ごし、苦労も悲哀も平均的という人生を送っていたかもしれない。

あやは後年、恵子が「修さんも可哀そう。あのままそごうに勤めていたら、皆から好かれていたし仕事もよくできたようだから、えらくなっていたかもしれないのに、原家に来て可哀そう」と漏らしたのを覚えている。が、それがより良い人生であったかどうかは誰にも分からない。取らなかった道の延長線上にあった「もう一つの人生」は、永遠に知ることができないのだから。

が、旅先から出された彼の手紙などを読んでいると、修はアルゼンチンに来たことを後悔などしていなかったと感じられる。たとえば、出張先の北部の街から家族に書いたこの手紙には、四十歳を越して、いまなお静かな情熱を秘めて世界を見ている彼の姿が垣間見られる。

「……頂上には立派なホステリアがあり、その食堂からの眺めはまた一しおで、広大なそして雄大な景色を見ていますと、コセコセした日常が本当に馬鹿げて見えます。あの小さく見える町の中に目にも見えぬ人間共が何十万とひしめいていて悲喜こもごもの日常を続けている。そして自分もその中の一員であったし、これからもあろうとしているということは動かせぬ事実で、せめてこれからは心だけでもこうした現実にとらわれることなく大きくゆったり保ってゆきたいものだと思いました。そしていつも思うことはこの雄大な豊かな土地を持ちながら、亜国は何故に貧乏なのか。ブエノスの街では気付かぬ貧しさがトクマンやサルタに来てみると、ひしひしと感ぜられます。政治の貧困もその原因の一つでしょうが、その為に生涯を土壁の家と最低の食生活で終わらねばならぬインデオ達、働きたくとも働くすべを知らぬ人々が如何に多いことか。まだまだアルゼンチンには解決せねばならぬ問題が多くあるようです……」

それにしても、手術で体の悪いところを取っただけでなく、心まで元気に希望に満ち溢れる人間に生まれ変わったと言う修。人生はこれからだった。一年でもいい、もう少し時間を与えられていたら、気を使って言いたいことも言わず、何かと萎縮しておとなしく暮らす修の代わりに、少々のことは気にせず笑い飛ばし、昇にもはっきりとモノを言い、まわりに甘えて時には愚痴もこぼし、もう少しわがまま勝手で朗らかに生きていく修を見られたかもしれない。その機会もなく逝ってしまったことが、無念でならない。

そして恵子。志染村の小学校で教えていたころの恵子の写真を見ると、当時の例にもれず今の若い人たちより丸顔で、パーマをかけた肩までの髪の毛に縁どられ、ぴちぴちとした若さに溢れている。脚も太かっただろう。しっかりと田舎の大地を踏みしめていただろう。もし恵子がブエノスに行くことなくあのまま村で教師をし、お母さんを助けて教会や老人ホームの仕事をし、そのうちに一家と交わりの深い人たちの中にふさわしい男性を見つけて結婚していたら、その後の彼女はどんな人生を歩んでいただろう。セピア色の写真を前に考えこんでしまう。

第II部

時のながれ

第七章　変化のとき

八つの目に支えられて

修が亡くなり、原家には大きな変化の時が来た。恵子は悲しんでいる暇も途方に暮れている余裕もなかった。涙をこぼすと不安な目つきでそっと恵子を見る四人の子供たち、その八つの目に支えられて人前では泣くこともなく、気丈に振る舞って生きた。

原の両親はよく助けてくれたが、自分も生活のために何かしなければいけないと思い、昇の所有する原商会の大きな建物の一部を使って、子供服を売ることにした。人にモノを売るのはあまり好きではなかったが、何事にも実際的な十六歳の涼が関心を持ち、仕入にもよく付いてきてくれた。あやはアルゼンチン国営短波放送ＲＡＥで日本向け放送のアルバイトをしており、時どき日本語への翻訳の仕事が大量にあった。恵子は、お客の入らない時は店の片すみで字引を引きながら翻訳を手伝った。子供たちはそれぞれ勉強に忙しかったが、恵子に代わって店に立ってくれることもあり、なかでも涼のボーイフレンドのボウヤは優秀なセールスマンだった。

五年間の師範学校を終えたあやは、国立美術学校に進んだ。入学は一九七二年三月、父が亡くなる一カ月前だ。入学してすぐ、ホルへという青年と知り合った。涼は大学附属の商業高校の生徒、素と光はよほどの秀才しか入れないブエノス・アイレス中高学校（Collegio Nacional）に入った。人生で一番嬉しかったことは、二人ともこの超難関校に入学できたことだと恵子。ボウヤもバンビもこの学校の生徒で、ボウヤはその後、医科大学に進んだ。

昇は原商会の仕事を減らしていき、「胡桃の木」を売って、代わりに首都から五十キロほど離れたエスコバールに土地を購入して、理想の家を建てはじめた。かつては荒れ果てた寒村に過ぎなかった地だが、日本人移住者が入植して花作りと園芸に精を出し、アルゼンチン有数の「花の都」になりつつあった。日系人が多く住むその町で、昇の家はカサドールと呼ばれる高級別荘地コミュニティの中にあり、樹木の茂る二万平方メートルの地所だった。いずれそこに『素人文庫《そじんぶんこ》』という図書館を作るのが夢だった。母屋と管理人用の離れからなる立派な家が建つと、昇とカズはブエノスを引き上げていき、恵子はやっと彼らのアパートに子供たちと住めるようになった。

とはいえアパートは賃貸だったから、家賃を払わねばならない。食費やそのほか必要経費もある。二人が引っ越していった七五年から子供たちが全員教育を終え仕事につくまでの十年近くは、苦しい家計だった。幸い大学や附属中高学校は学費が無料、修の年金も少しあったし、そのうちに子供たちがアルバイト代を家に入れてくれるようにもなった。

あやの青春――「かたときも忘れないものもあるわ」

美術学校に入学してまだ日も浅いある日、クラスに遅れて入ってきた学生がいた。ふと後ろを向いてその人と目が合った瞬間、あやは「私、この人と結婚する！」と確信した。それがホルへだった。「ふらっと部屋に入ってきて、ショパンを弾きだしそうな人」と女の子たちが評する彼はハンサムで寡黙、ダンディで気難しそうな独特の雰囲気があった。それからは、あやは彼一筋だった。

学校では四〜五人がグループになって作業することが多く、あやとホルへは同じグループになった。そのうちグループ勉強の参加者が減っていき、五月十四日、何人かでデッサンするはずだった市内のバラ園に現れたのは、あやとホルへだけ。黙ってスケッチをした。もともと口数の少ない人だから、気にならない。一緒にいられるだけで幸せ。スケッチを終えてさあ引き上げましょうかと帰りかけてから、忘れものに気が付いた。

「あっ、ノートがないわ」。

「キミってよく忘れ物するね」とホルへ。

「Hay cosas que nunca olvido（決して／かたときも忘れないものもあるわ）」と彼の眼を真っ直ぐ見つめて言った。スペイン語では cosa は「こと」と「もの」の両方を指す。あやの含蓄深い物言いに、彼はしっかりと彼女を抱き寄せてキス。

「このまま行ったら、どうするの？」とおずおず聞くあやに、

「結婚する」と、当然のような口調で返事。だんだん皆が来なくなったのは、実はあやと二人だけでいたいから、来るなと指図していたんだ、と白状した。

その日家に帰って、母に言った。

「あや、好きな人ができた。会ってくれない？」

「お父ちゃんが死んだばかり、それどころじゃないでしょ！　いったい、それ誰よ？」「この前家にも来た人、ホルヘよ。同じクラスの」。

恵子は大変なショックを受けた。子供の結婚相手は当然日本人、と思いこんでいたからだ。「ダメ、許しませんよ！」父を亡くした悲しみを、ホルヘで埋め合わせしようとしているだけだ、とも言われた。

お祖父ちゃんもお祖母ちゃんも「鼻の穴膨らませて」（あやの表現）かんかんに怒った。特に祖父にとって美術専攻の若者なんて最低。「なんでそんなことしてるんだ？　ヒッピーか、コミュニスト（共産主義者）か！」その時まだどういう家庭の人か知らなかった。

「それに、外人だ！」

「お祖父ちゃんこそ、この国の人から見ると外人じゃない！」と睨み返すと、ぎゅっとほっぺをつねられた。

あやは負けていなかった。脅しや理不尽な要求におとなしく引き下がる性分ではない。「会ってくれるまで、ご飯食べない！」とハンストをはじめた。もともと食が細く、あまり丈夫ではないあやだ。三日目には、「じゃあ、連れてきなさい」とむこうから折れてきた。実はこの間、涼たちが本にハムをはさんだりして、こっそり食べ物を差し入れてくれていた。

さあ、それからはホルヘにお箸の使い方など猛特訓。「出てくるモノは、少しでもいいからとにかく食べてみてね」、「ちゃんと背広を着てきてね」と指示を出してお祖父ちゃんと対面させる。いいところの有名なお菓子を持って、彼はやってきた。背広姿も驚くほど様になっている。学校では、もっぱら破れたセーターだったのに。お箸もちゃんと使え、少しどころか出てきたモノはパクパク食べる。礼儀正しく、家も父親が空軍の高い地位にある立派な家柄だと分かって、お祖父ちゃんのテストをパス。やれやれ。ただひとつ、教えておくのを忘れていた。彼はワサビもパクリと食べてしまったのだ。

恵子は修の一周忌に書いた『今日この頃』で、次のように修に報告している。

「大人四人、子供四人。男四人、女四人。家は何でも丁度よいねと言っていた我が家は修さんが亡くなって七人になってしまいました。大切な人が欠けてしまったそのさびしさ、空しさは形容のしようがありません。でもそこへ今度は二人の青年が加わりました。修さん、覚えているでしょう。涼が交際をはじめた進さん、誰も本名などよばず小さい時の愛称『ボウヤ（坊や）』で通っています。一度逢いたいという修さんの希望でわざわざキンタ迄来てもらいましたね。三十分ぐらいベッドの横で話をしていたでしょうか。『いいムチャーチョ（青年）だね』と、あとで修さん嬉しそうにそして安心したようでしたが、今、医科大学の二年で一生懸命勉強しています……。

もう一人は、修さんの全然知らない新しい登場人物、ホルへです。修さんが亡くなってから間もなくあやが交際をはじめた青年です。最初はとてもショックでした。子供の結婚相手は日本人であってほしいと願っていましたから。ですから何の理由もなく、ただ彼が外人だと言う事だけで、この交際を歓迎しませんでした。けれど観察しているうちに、だんだん気持ちが変わりました。誠実でなかなか頭もよく優秀な青年です。そしてある時ポツリとあやが言うに、『お母ちゃん、ホルへをよく見ていてごらん。体つきがお父ちゃんによく似ているし、仕草がそっくり』。本当にそうですね。修さんのようなタイプの子ですし、とても感情がデリケートな点も似ています。日本食が好きで、お箸を上手に使って御飯を食べたりお味噌汁のおかわりをする様子をお見せしたいと思います……」

家でも学校でも公認の恋人同士となり、一刻も離れていたくないという二人。ホルヘはあやより二歳年上で、彼も師範学校を出ていた。その後、軍人大学や理科大学に行ってみたが将来が定まらず、この時は美術学校を試している最中だった。二人が結婚を目指していると知った担当教官は、「本当に結婚するつもりなら、美術学校をやめて他の勉強をしなさい」と助言した。「君は画家としてはダメ、才能がない」。ホルヘはおとなしくこの助言を受け入れ、弁護士になるべく法律大学に移った。

ホルヘのお母さんは、ホルヘが十五歳、弟のカルロスが十歳の時、二人を映画に行かせて、その間にピストル自殺をした。お父さんが武官としてアメリカ勤務中のことで、お母さんは子供たちの教育のことや夫と軍関係の女性とのうわさ、加えて流産したばかりでノイローゼ気味で、アメリカに同行しなかった。映画から帰ってくるとお母さんの親戚の人が大勢家に来ていて、大騒ぎになっていた。お父さんはそれから何年かたって、いとこのルーシーと再婚した。

お金のない若い二人は幸せな貧乏デートを繰り返し、初めて人並みに「豪勢」なデートができたのは、二年目に入ってホルヘが教師の職についてからだ。夜、ブエノスのシャンゼリゼといわれるサンタフェ大通りを散歩しながら、ため息の出るほど美しい白いジョーゼットのドレスを店の窓に見つけて、給料の大枚をはたいてあやのために買ってしまった。

「白い皮の薔薇の花のついたハイヒールを買ってくれたこともあるわね、覚えてる?」

「ラプラタ川の船上ディスコで酔いつぶれてしまった夜のこと、覚えてる?」

照れくさいのか、男と女では覚えていることが違うのか、あれから三十五年たった今、彼ははっきり答えられない。

「じゃあ、何を覚えてるの？」

「とても幸せな気持ちだったこと。でも、越えなければならない沢山のハードルがあってビビってたよ」。

「たとえば？」

「最初のころは仕事もなかったし、全てゼロからのスタート。自分たちのものは何もなかったからね」。

「親の反対は心配しなかった？　日系人と結婚することについて」。

「いや、その心配は一切なかった。反対するなんてありえない。『恋人は日本人の娘だ』と言うと、むしろ『そりゃあいいね』と言うだろうと分かってたからね。日本人であるというのは誇りに出来ることで、プラスだった」。

「でもね、初めて恋人として原家を訪ねたあの日、デビューの日は、めちゃくちゃ緊張してたよ。何を着ていったか、どんなお菓子を持っていったか覚えてない。それに、僕は心底驚き感動した。立派な原家のお祖父ちゃんが、僕を受け入れてくれたことに。それから後も、しがない一介の学校教師にすぎない僕をずっと見守ってくれていたことに。日本人じゃないし、有名な会社の幹部でも実業家でもない僕を、許してくれたんだから」。

「お祖父ちゃんは、あの山芋ほりの日に、こいつは見どころのある男だと思ったのよ」とあや。それは、新しいカサドールの別荘に原家の一同が集まっていた夏の日のことだった。

「長ーい山芋、まこや光もみんな一緒に掘ったでしょ。私たちは途中でポキッと折ってしまったのに、あなただけは最後まで慎重に丁寧に掘っていって、折らずにすっぽり引き抜いたんだから。なんと根気のある男だと感心したのよ」。

それから一年たって、また皆が集まってバーベキューをしていた時。新居の目途もついたので、ホルへはこの日この場でお祖父ちゃんに「あやの手を頂きたい」と正式に結婚を申しこもうと決め、いつそれを切り出そうか、タイミングをはかっていた。チョリーゾ・ソーセージが終わって、血詰めのモンシージョ・ソーセージを焼きはじめたころ、「あやの手を頂きたい」と言ったら、お祖父ちゃんは、かぶっていたベレー帽を宙に放り投げ、「ブラホー！」と叫んだ。小躍りして喜んでくれたのだ。

あやの結婚――「イケメン」から「イクメン」に

付き合い出してから四年後の一九七六年十月九日、二人は結婚式を挙げた。式の日にはコメディー映画になりそうな手違いがいろいろ起こり、式がはじまったのは二時間遅れ。窮屈な正装に、花嫁も参列者も倒れそうだった。式の後、ホルへの両親の家で身内だけのパーティ。そしてその夜、あやたちはホテルに泊まり、翌朝アンデス山脈の保養地バリロチェへと新婚旅行に発った。ホテルのロビーには恵子が来ていた。その時のことをあやはこのように書いている。

「私が結婚した日、そしてパーティーの後ホルへとあるホテルで初夜を迎えていたころ、母は私の部屋のベッドで一夜を明かしました。翌朝、新婚旅行に旅立つ私達を見送りにホテルのロビーに来ました。小さなバラのブーケを手に。

私の顔を見た途端、『もう?……』と聞きました。

私は一瞬にして母が何を心配して、何を知りたがっているのかが解かりました。

『大丈夫だったわよ！』」

家では性教育らしい教育はしなかった。母は娘の初体験を密かに心配していたのだ。長い婚約期間にもかかわらず、あやは処女だった。

「後で母から直接聞いたのですが、母はその晩、私のベッドに横たわり私を身ごもった時から、出産、育児の苦労、幼いころから離乳食があまり進まず、同じ年頃の赤ちゃんがいる祖父の社員の奥さんたちに、『あらっ、あやちゃんて意外と小さいのね』と言われるたびに味わった悔しさ、学校に入った途端あらゆる伝染病を移されてきたこと、幼稚園のときはスペイン語がほとんど解からない我が子が教室でどうしているだろうかと毎日四時間、迎えに行くまで心配で堪らなかったこと……などを思い出していました。

あやとホルへの結婚式
（1976 年 10 月 9 日）

そしてつい最近まで、寝る前には必ず『お母ちゃん、頭を撫でて』と言っていた甘えんぼうの娘が呆気なく（？）結婚して家を出ていってしまった寂しさ……。でも好きな人と一緒になれたのだから喜ばなくては……と思う複雑な気持ち……

母は結婚式の数日前、婿（ホルへ）に小さく、美しくラッピングした包みを渡しました。

『ホルへ、あやを大事にね。この子はあまり丈夫ではないから赤ちゃんは少し待ってね』。

プレゼントの中身はご想像にお任せします」。

普通、アルゼンチンの女の子はどうやって性について学んでいくのか。学校で性行為について具体的に教わることはなかったし、女の子同士の情報共有もなかったとあや。彼女の場合は、十一歳ぐらいの時、家の地下室で偶然見つけた古い婦人雑誌が、何やら途方もなく秘密めいた男女の関係があるらしいということへの最初の気付きとなった。サエンズ・ペニャの大きな家には、原商会の仕事を手伝わせるため呼び寄せたカズの弟夫婦が、一時、二階に住んでいた。画家の夫とギタリストの妻という個性の強い彼らに商会の仕事は合わず、しばらくして日本に帰ってしまった。地下室の雑誌その他の荷物は彼らが残していったものだろう。

薄暗いひやーっとした地下室で、あやは夢中になって雑誌の頁を繰っていった。読めない漢字がたくさんあり、理解ははなはだ覚束ない。「何?! ナニ?! これ、ペッサリーって?」。避妊具の特集だったのだろう。でも、いったいなんのために女の人がそれを使うのか、性行為の実体を知らないあやには、とうてい理解不可能なことだった。

あやが通っていた師範学校は女子校だった。お隣にカトリックの男子校があり、塀越しに白墨を投げ合ったり投げキスをしたり、賑やかなものだった。誰かの家でいつもダンス・パーティがあった。あやは奥手で、自分からは動けない。まわりが恋のキューピッド役を買って出て成就したのが、オスカーとの恋だった。金髪で背の高い彼は、あやを魅了した。彼もあやに惹かれて、ダンスでは一番好きな人と踊る曲とされる「ヘイ・ジュード」を申しこんできた。とても長い曲だから、長く抱き合っていたい人としか踊らない。

あやは典型的な夢見る乙女で、寝ても覚めてもオスカーのことを想い、日記をつけ、詩を書いた。しかし、優しいキスやバラの花、蠟燭といったロマンチックな段階からさらに先の段階に進んでいくと、オスカーだけでなく相手が誰であれ、決まって嫌になっていくのだった。汗ばんだ手、ニキビ、ふけ、ディープ・キス。ああ、もうイヤ。ということで、お別れの手紙を書いてしまう。十六本の黄色いバラであやを驚喜させたオスカーとの恋もこうして終わり、何度かそういう経験を経た末、めぐり会ったのがホルへだった。

ホルへには、いっさい抵抗を感じなかった。手のひらは乾いている。顔にはニキビもない。清潔感にあふれていた。顔だけでなく、姿勢や話し声も好き。彼となら性行為にも嫌悪感を覚えない。Peace, love & sex が全盛期の当時、特に美術学校ではウッドストックやマリファナは当たり前の環境で、まわりの友人も経験済みが多かった。その中の一人に中絶して怖い目にあった子がいて、あやとホルへは、自分たちは待とうと決めたのだ。

美しいあやには、他から結婚の申しこみがなかったわけではない。当時、ブエノスには、名家といわれる日系人一族が五～六家族あり、彼らの中で子供たちを結婚させようという試みもあった。しかし、原家の昇は熱心ではなかった。恵子の時と同じように、昇はあやを日系人ではなく「日本人」と結婚させたかったのだ。日本語や日本の礼儀作法を徹底的に教えこまれて育ったあやだ。日本の若い女の子がもはや使えないような日本語を話し、たおやかな風情だ。そんな彼女に惚れこみ、「ぜひ、息子の嫁に」と望んだ日本からの財界人もいた。しかし、あやはホルへしか眼中になかった。

新婚生活は、ホルヘの亡くなったお母さんの一族が住むサン・マルティンの小さな家ではじまった。姑や小姑がすぐそば庭伝いで行ける家に住んでいるようなものだ。彼らはとても可愛がってくれ、助けてくれた。ママゴトのような生活で、月末になるとお金が足りなくなり、結婚支度に持ってきたミシンや家電製品の月賦が払えない。集金人に居留守を使ってそーっと隠れていると、叔母さんが「アヤ、どうしたの？　いるんでしょ」と庭伝いにやってくる。隠れているのが見つかって、結局、叔母さんにお金を借りて払ったこともある。

日本向け放送のアナウンサー時代のあや（結婚前）

　ホルヘは一日じゅう小学校で教え、夜は法律大学で勉強。あやは日本人の駐在員やその子弟十人余りにスペイン語を教えるかたわら、通訳や観光ガイドの仕事も受けた。残念なことに、結婚前にやっていた国営短波放送の翻訳兼アナウンサーの仕事は諦めねばならなかった。新居はブエノス中心部から遠く、毎晩九時から十時という放送時間帯の勤務は無理だった。アルゼンチンの「時の話題」を日本語に訳して日本に届ける。コンビを組んでいた相手役アナウンサーは父の友人だった高木一臣。三年間続けたこの仕事でずいぶん翻訳力が鍛えられ、日本の視聴者から手紙をもらったりして、やり甲斐のある仕事だった。

　結婚三年目の七九年、長男ディエゴが生まれ、二年後には長女カローラ、そして翌年には次女のルクレシア

（ルッキー）が年子で生まれた。普通、子供は父親の姓を受け継ぐが、ホルヘがぜひ「原」の姓も残したいと言い、Rodriguez Hara というダブル名字になった。子育ては、大いに母とホルヘに手伝ってもらった。三番目が生まれたころから地方出張も増え、まだお乳の出る胸にさらしを巻いて出かけたこともある。弁護士の資格を取ったホルヘは、片手にミルク瓶を持ってルッキーにミルクを飲ませながら、目は法律書や書類を追っている。てんてこまいの家庭生活の中で、育児・家事をじつによく手伝ってくれた。

第八章　それぞれの道たくましく

涼ちゃんの恋

個性というものは面白い。それはどのようにして育つのか。同じ家で同じ両親から生まれながら、ほとんど泣かない赤ちゃんもいれば、何かにつけ大声で泣きわめく赤ちゃんもいる。生まれてすぐこうなのだから、個性は環境ではなく持って生まれたDNAが左右するところが大きいのだろう。原家の四人も、おっとりしていてお乳の時も途中で眠ってしまったあや、出が悪いとふんぞり返って怒った涼、よく呑んで太って世の中わが物顔に振る舞った素、手がかからずいつの間にか育っていたという光、とさまざまだ。こうした個性はその後、どのような道に彼らを導いていったのだろうか。

運命の人に出会って迷うことなく一筋にその道を歩んだあやに対し、涼は悩み反発し苛立ちながらもたくましく成長していく。恵子を含め人はまず「涼ちゃんは激しいから……やることが過激だから……」という。確かに小さい時からおとなしい子ではなかった。気に入らないと地団太踏んで泣く。短気で気が強く、悪いことをして地下のワイン・セラーによく押しこめられた。十分ほど泣き続けると、お母さんかお祖母ちゃんが来て鍵を開けてくれる。でもこの間、上の方にある鉄格子のはまった小さな窓にあやが外から顔をくっつけて、見守ってくれていた。

お祖母ちゃんともぶつかった。そして十二歳ぐらいの時、家出をしたこともある。「胡桃の木」の別荘に行って、一人で暮らすんだ！　でもお父さんが迎えに来てくれて、家に帰った。涼を見たとたん、お祖母ちゃんは泣きだして涼を抱きしめてくれた。

十三歳の大晦日に書いた『今年の反省文』では、「毎日姉弟げんかもしたし、親子げんかだってたくさんした。しかし反省はあまりしていない。だって日に日にけんかの理由がちがって、そのたびにしんぽしているからだ」と書いている。喧嘩は増えても理由が変わっていけば進歩成長のあかしだからいいんだと、なかなか鋭い指摘だ。

また涼は熱い社会派ＤＮＡを持った少女だった。十五歳の時、ガンの治療で日本にいる父への手紙で、こんなことを書いている。

「アルゼンチンでは……大きい会社が一つ一つ倒れてゆくので、この国の economia（経済）は大へんな事になりそうです。私の contabilidad（簿記）の先生がカングーロというスーパーマーケットの sindico（監査役）をしていて、今日、彼のせいでこのマーケットが破産したというので大さわぎでした。本当にこんなに美しい国なのに残念な事です。少し大きくなって contabilidad の勉強をすると、かたむいた国の姿がありありと浮かんできて、美しい風景に気をとられて本当の国の大事さを見つける事が出来なかった私のおろかさに気がついて恥ずかしい思いです。出来る事なら私の生まれたこの国の地方に行って貧乏な人達に、そして大好きなアルゼンチンのために一生をささげたいと思います。もしある日、とつぜん具体的な事を言っても反対しないでくださいね……」

涼は、お父さんは影が薄かったと言う。優しくて細くて命が短い。子供の頃からそう感じていた。何となくお父さんが可哀そうに思えてならなかったと。お父さんの会社が破産したのは涼が十四歳で、商業学校に通っていた時だった。早く卒業してお父さんを助けたい。当時の涼から見てもお父さんはビジネスには全く向いていなかった。繊細で、すぐ人を信じてしまう。歯がゆいぐらいだった。

家を手放して狭いアパートへの引っ越し、そして父の病気などが重なって、涼の心の中は嵐が吹き荒れた。家の中はあまりにも暗く、家を出たかった。そのころ同級生の誕生日パーティで、二歳上のボウヤと知り合った。引っ越した家にはまともなお風呂もないと知って、「僕の家のお風呂においで」と言ってくれた。彼のお父さんは「兼松」退職後「アルゼンチン開拓協会」に勤め、母方のお祖母ちゃんがこれまたすごい人で、ブラジルとの国境にあるミッシオーネス州のジャングルで九人も子どもを産み、マテ茶栽培という重労働をしながら全員育て上げた。彼の家に暖かく迎えられ、お風呂に入れてもらったりして親しくなっていった。優秀なボウヤはストレートで医科大学に進み、左翼だらけの学生の中で、どちらかといえば右寄りだった。

当時、涼は勉強もせず、手当たりしだいにお祖父ちゃんの本ばかり読んでいた。学校の成績はどんどん下がり、ボウヤが家庭教師役をし、お母さんの店も手伝ってくれた。「ボウヤは私のこと好きだったんだと思う。でも私は、嫌いじゃないけど『恋愛感情』は持てなかった」と涼。どちらの家庭も二人の付き合いを認めてくれていたし、「恋」ではないけれど別れる理由もなく、ずるずると付き合っていた。「私のいい加減なところです」と涼。

商業学校を卒業して、経済大学に進んだ。一年後、昼は東京銀行で電話交換手のアルバイトをし、夜は七時から十一時まで大学に行った。給料は安かったが、家に入れた。七八年大学を卒業。担当教授の勧めで、Techint Group というアルゼンチン随一のグローバル企業に入った。お祖父さんはお世話になった東京銀行を見捨てていくなんて「恩知らず」だ、と批判。でも、給料は二倍になった。

一年後、兵庫県が提供する「県費留学制度」で、日本に行く機会を得た。旅費のほか滞在費も出してくれ、一年間神戸大学で勉強できるという。アルゼンチンには「在亜日本人会」や「亜日文化協会」など日本人全体を代表する組織があり、移住者の互助会のような役割を果たしていたが、その日本人会よりむしろ県単位の会の方が精力的な活動をしていた。特に初期移住者の大半を占めていた沖縄や広島の出身者は結束が強く、県人会の活動も活発だった。兵庫県人会は後発組だったが日本への留学や研修を次々と立ち上げ、恵子が兵庫県出身だから、子供たちもその恩恵にあずかることができた。

神戸には由紀子叔母をはじめ、母恵子の一族が住んでいる。でも、涼は迷った。行ってしまったら、お母さんはどうするか。弟たちはまだ学生。テキントのお給料がなくなったら、家計はどうなるか。涼はいつも家族の生活のこと、お母さんのことを考えている実際的な娘だった。ボウヤも「一年間も離れているなんて!」と反対した。が、お祖父さんは絶対に行くべきだ、「井の中の蛙、大海を知らず」だよと言う。恵子の一族も後押ししてくれて、涼は由紀子叔母の家にあずかってもらって、そこから神戸大学に通った。大学では経営学部の修士課程で世界各国の学生たちと学び、家では同じ年ごろのいとこ、ミコちゃんと仲良くなって、これまで知らなかった「いとこの味」、「叔父・叔母の味」を知る。

そしてここ神戸の大学で、涼は初めての「恋」も知った。上級生の彼は何かにつけ涼の勉強を手伝ってくれた。「頭がよくて、言葉一つ一つに重みがある、いぶし銀のような人」と涼は評する。身体にハンディがあるのにそれを乗り越え、明るく前向きで優秀、人生の生き方が学べるような人だった。彼が障害に負けなかったことに社会派の涼は感動し、いっそう彼を尊敬して思いを募らせた。しかし、その恋は

「結局大失恋に終わった」と涼。「あなたは家の家風に合わない」と彼の叔母さんに冷たく言い渡されたり、「恋と結婚は別だ」と彼から言われたりした。涼と付き合っていながら別の女性にプロポーズしていたということを知った時、涼は大泣きした。何が何だか分からない。聞いても「すまない」と言うだけで、説明しようとも弁解しようともしない。「日本人は訳がわからない」と涼は思った。

説明しない、弁解しないという態度は同質的な日本文化の中では男らしい態度、「男の美学」などと評価されるのかもしれない。しかし、異質性が前提になっている国際社会では通じない。特に涼のように直情的なラテン文化の国から来た人には。だからこそ、「いぶし銀のような人」に恋をした涼の心の動きも分からないではない。大らかで謎や神秘性のないボウヤと正反対の人だった。

初恋にも敗れ、泣く泣くアルゼンチンに帰ってきた涼は再びテキントに戻り、同時に大学院で経済学を勉強しようとした。しかしもう二十四歳、勉強はやめ、結婚した方がいいと母。失恋したばかりなのに……。神戸の人のことは、もちろんボウヤに話した。「そんな人はやめて、ぼくと結婚した方がいいよ」と、なんとも包容力のある返事。

「そしてここがまた私のだらしないところ。本当に、そのまま結婚してしまったのです」と涼。八一年三月のことだ。ボウヤは医科大学を卒業し、インターンをしていた。ハネムーンは南アフリカに行き、何もかも目新しく、とても楽しかった。

八二年四月二日、イギリスとのマルビーナス（Malvinas）戦争が勃発、いわゆるフォークランド紛争である。経済政策の大失敗により招いた天文学的な超インフレから国民の目をそらすため、政府が仕掛けた戦争だといわれる。一八三三年以来、この島を実効支配してきたイギリスはサッチャー首相のもと、強い反撃に出た。当時アルゼンチンは徴兵制度があり、ボウヤも予備役の中尉。戦争が長引けば戦地に送られるかもしれないと涼は心配でたまらない。お腹には赤ちゃんがいた。幸い戦争はさっさと負けて、六月に終わった。

八月、長女のフロレンシア（フローラ）が誕生。母恵子に面倒を見てもらいながら勤めに戻ったが、あまりにも大変だったので辞めた。八五年、次女ソフィアが誕生。彼女が二歳半になった時、エレベーター製造会社の富士テックでよいポジションが提供されたので、六年ぶりに仕事についた。

軍事政権下の学生――素（まこと）

五五年のペロン打倒革命の後、アルゼンチンでは軍事政権と左翼政権が入れ代わり立ち代わり登場した。七三年、スペインに亡命していたペロンが帰国して、第三次ペロン政権を発足させた。しかし彼は七四年に病死し、副大統領職にあったイザベラ夫人が大統領に就任した。国民的人気のあったエヴィータ前夫人と違い、スペインで再婚したイザベラはもともと評判が悪かったうえ、国内での左右両派のテロの激化や経済悪化が重なって、七六年三月、ビデラ将軍による軍事クーデターで倒された。その三年前、隣国チリではピノチェト将軍の軍事クーデターでアジェンデ民主政権が打倒され、左翼勢力の大弾圧がはじまっていた。それに呼応するかのように、アルゼンチンでも軍部による凄まじい弾圧の嵐が国内に吹き荒れた。それは、素がブエノスで一番のエリート高校に通っているころだった。仲間がどんどん消えていく。商業学校も合わせると、五百名近い学生がいなくなってしまった。いわゆる「強制失踪」で、軍事政権による左翼系学生の弾圧だった。

素の親友の一人も、消えてから四十八時間後に遺体で発見された。その母親は、ただちに息子の友人たちに一斉連絡をした。通夜には来るな、葬式も駄目、すぐに逃げなさい。素は問題になりそうな本やレコードを持ってカサドールに急行し、燃やした。

その年の七月、寒い冬の夜だった。お祖父さんたちはすでにカサドールに移っており、アパートには恵子と子供たちだけが住んでいた。そこに憲兵隊がやってきた。家宅捜索だ。憲兵隊を見た恵子は、寝ている素を起こして裏口から逃がそうとして、思い直した。家はもう包囲されているはず、下手に外へ出したら殺される。幸い素は危険なものは全てカサドールで処分していた。憲兵隊はまず素の書棚を調べ、文句のつけられそうな本はみつからなかったので、次にその隣りにある涼の書棚を見てマルクスの『資本論』を見つけた。

「これは、そもそも持つべき本ではない。あんたの娘は経済大学の学生だから一冊ぐらい持っているのはまだ分かる。が、ここには三冊もあるではないか。その関係のグループに入っている証拠だ」。

が、恵子は一歩前に出て、言った。

「三冊ではありませんよ。それは、第一巻、第二巻、第三巻と分かれているのです」。

お母さんはどうしてそんなことを知っているのだろう、素は驚いた。聖書しか読まないと思っていたお母さんが！　恵子はさらにもう一冊別の本を手にして言った。

「これを見て下さい。こういうものを読んでいるウチの娘は、マルクス主義者なんかではあり得ません！」

恵子の手には、ヒットラーの『わが闘争』が握られていた。

涼が夜学から帰ってくると、素は青い顔をして突っ立っており、家の中は嵐が通り過ぎたかのように荒らされていた。お母さんの機転で、誰も連行されずにすんだ。後で分かったが、ホルへのお父さんが空軍

" Neutral " Grafito sobre papel. 22 x 21,8 cm. 2006

恵子の孫、（長女あやの息子）ディエゴ・ロドリゲス・ハラの鉛筆画。"Neutral"（22 × 21.8cm, 2006）。『独裁政治時代から 30 年後に』（LIBRO DE ARTISTA 社）所収。憲兵隊に銃口を向けられて。

の高官として裏で少し動いてくれたようだった。

その素も無事高校を卒業し、農業大学に進んで八三年に卒業。そして八四年、兵庫県人会の農業研修事業で日本に行った。涼が受けた留学プログラムの研修版だ。世界各地から農業関係にたずさわる若者を集め、九カ月にわたり県内各地の農業改良普及事業所で研修をおこなう。新技術をどうやって農家や国民に伝えるかを考えるこのプログラムは、効率的な農業・営農のほかに、コミュニケーションにも関心のあった素にはきわめて意義深かった。県内四カ所の研修所で、それぞれ四十日間の滞在研修を受ける。この年の研修生十名はたまたま全員男で、研修外でも和気あいあい、飲んだり食べたり大いに盛り上がった。素にとって最高に有意義な、初めての外国旅行だった。

年明けて八五年、研修最後の滞在地宝塚で、素は酒井康子という二十三歳の女性と出会う。康子は兵庫県庁の宝塚支所に勤めており、研修生の受け入れを手伝っていた。惹かれあう二人に与えられた時間は三カ月。しかも康子の両親のみならず、親戚中が二人の結婚には猛反対だった。大変な「父親っ子」の康子、日ごろから「近畿以外のところには嫁にやらん」と断言していた父親である。それを、アルゼンチンなどとんでもない！　地の果てじゃないか。行ったが最後、帰ってこられない。「まるで赤紙が来たようだ」と父は嘆き悲しんだ。それでも二人はめげず、研修期間が終わっていったんアルゼンチンに戻った素は、六カ月後、康子を迎えに来た。

素は就職先も確保していた。石原産業という化学会社の現地法人で、住友と競って農薬を輸出していた。農業大学出で日本語もできるというのが大きなプラスだった。かつて左派系学生として軍事政権の弾圧を経験してきた彼は、世界をより公平なところにしたい、そのためにはアルゼンチンの場合、農業改良による農村生活者の底上げが鍵だと考えていた。何ごとにも綿密な準備と、幼少期からはぐくまれてきた自信で立ち向かっていく素だった。

二人は八五年の秋結婚し、康子はブエノスにやってきた。お祖父ちゃんは、素が日本の女性と結婚したのを「でかしたぞ!」と喜んだ。八七年、長男トマス(トミー)が誕生、そして九三年、長女ナタリア(ナティー)が生まれた。

マイペースの中のプレシャー——光(ひかる)

お祖父ちゃんのおかげでこの世に生を受けた光だからというわけではないが、光は他の三人と少し違い、お祖父さんには近しい気持ちを持って育った。八歳ぐらいから囲碁を教えてもらい、その後もずっと続けている。十歳ごろには理屈が分かってきて、相手の動きが読めるようになった。そもそもアルゼンチンに囲碁を紹介したのはお祖父ちゃんで、囲碁協会の会長も務めていた。光はみるみる上達し、原の孫だというのでいろんな大会にも出してもらった。夏休みには、カサドールでよく二人で勝負した。工科大学のフランコ学長が、囲碁の教えを乞うてお祖父さんの店に来たのも覚えている。お祖父ちゃんは何かとこの末孫が可愛かったのか、事務所に行くとタイプライターも教えてくれた。

お父さんとの思い出で楽しかったのは、「泥鰌すくい」や、一家総出のポーチョーズ(餃子)作りだった。これは兄弟全員共通の大切な父の思い出である。餃子の皮も手作りで、練った生地を麺棒で伸ばすのは子供たちの役。「薄く、もっと薄く」というお父さんの掛け声でどんどん伸ばしていって、仕上げはお父さん。丸く型を抜いてできた皮の上にそれぞれ具をのせて、ぱたんと折ってまわりを閉じていく。具がはみ出しそうな太っちょ餃子、程よいスリムな餃子、全員八名で作った餃子がじつに百六十個！　壮観だった。

切ない思い出。修が末期ガンで日本から送り返されてきたのは、光が十二歳になる直前だ。ガンとは光も知らされていない。長くかかるけれど、いずれ回復していくと信じて、毎日父にマッサージをしてあげた。夕方六時から一時間ほど、少しでも早く治れと。考えてみると、父との大切なスキンシップの思い出を残してくれた。

光は勉強もよくできた。特技は数学で、ベッドに寝転がって方程式をすらすらと解いた。父の事業が失敗して狭いアパートに移ったのは十歳ぐらいの時だ。個室や机を持つ余裕がなかったので、勉強はもっぱら二段ベッドの上か、トイレの中。光がトイレに入ると二時間も出て来ない。「皆さーん、光がトイレに行くから、今のうちに行っておきなさーい」と家中に警報が出た。難関のCollegio Nacionalも難なく合格、試験はほとんどいつも百点を取った。

大学は工学系に進んだ。絵を描くのが好きだったから本当は建築をやりたかったが、工学のほうが「重要」と言われ、土木工学を専攻した。容赦なく落第させる制度の中にあって、光は修士を含めて六年間単位一つ落とすことなく、すいすいと進級していった。

しかしそんな中、光はじつは大学を卒業するまで、家族のプレシャーを感じ続けていたという。皆があまりにも「光だから大丈夫」、「アンタなら受かって当然」というメッセージを送り続けてくるので、期待をはずしては駄目という緊張が、いつもどこかにあった。それに押しつぶされないよう勝手にマイペースで動く「逃げ道」も作っていた。その一つが囲碁であり、後に空手も加わった。兄の素が正攻法で手堅く道を開いていったのに対し、光はどこか一匹オオカミ的に、ひょうひょうと進んでいったような観がある。

大学院を卒業してから四年間、丸紅のアルゼンチン支店で技術営業を担当していたが、建物を作りたいという希望を捨てきれず、九〇年に日本の鹿島建設に行った。当時、日本は不動産バブルで技師が足りず、南米にまで探しに来ていた。日本語ができて職人と会話ができる者ということで、ブラジルから四人、アルゼンチンから四人が選ばれ、三年契約で採用された。勝田市や日立市で設計図を具体化する施工図作りの仕事をした。この間、地元の囲碁クラブの大会で、初段で打って優勝したこともある。

光はブエノスで空手を通して知り合ったパメラとすでに結婚しており、八五年十月には長男のイヴァンも生まれて、妻子を連れての日本行きだった。イヴァンは地元の幼稚園に通い、すぐに日本語を覚えた。滞在中に自動車のオーディオやナビを作っている日本企業アルパインがアルゼンチンに支店を開くと聞き、東京で面接を受けて採用が決まった。九三年鹿島との契約を終えて帰国、アルパインのブエノス支店で働きはじめた。パメラとはそれから間もなく離婚に至ったが、日本での生活が原因の一つだったのかどうか、家族にも分からない。

第九章　老計・死計

原昇逝く

八四年、末っ子光が大学を卒業すると、恵子は首都を引き上げてカサドールに移った。親としての役目は大方終わった。これからは老夫婦の娘役を果たさなければならない、という自覚からだった。しかし同居の難しさは、過去の例からも明らかだ。恵子は四つの要望を条件に出した。今まで雇っていた手伝い夫婦を離れから出して、そこに一人で住む。自分の電話をつける。スープの冷めない間柄ということで食事も別にする。いずれブエノス市内に恵子名義のアパートを買ってもらう。

「ああ、いいよ。原商会の建物が売れたら、それで買おう」、昇はそう約束してくれた。

カサドールに移って三年目、一九八七年、恵子が「友の会」の大会のためブエノス支部を代表して日本に滞在中、昇が倒れ入院したとの連絡が入った。一緒に日本に来ていたあやが日程を調整して急きょアルゼンチンに戻り、三人の子供を連れてカサドールに出向いて祖父母の面倒をみた。倒れる直前まで昇は週に一度はブエノスに出かけるなど、元気だった。この日も銀行に用事があってブエノスに行き、帰りに雨に降られて体を冷やしてしまい、肺炎を起こして入院となった。

しかしあやによると、昇はその一年ほど前から盛んに死に関する本を読むようになり、肉や玉子を食べなくなって痩せていった。読んでいた本に、枯れて老衰で死んでいくのがいいとでも書いてあったのだろうか。昇は穏やかに安らかに人生の幕を引く準備をしていたようだ。昇を診た医者は栄養失調が著しいと言って肺炎の薬だけでなく、栄養剤の点滴も処方した。入院中、昇は不味いと言って病院食はほとんど口にしなかったが、あやが作って持っていく茶碗蒸し、煮魚、煮物などは、スプーンで口に運んであげるとおとなしく食べた。「また、あしたね」と言って帰りかけると、「もう少しいてくれ」と子供のようにせがんだ。

父修をあれほど苦しめた昇。サエンズ・ペニャの家を手放さなければならなくなった時、「アンタの好きなこの家を失うのも、お父さんのせいだ」と言い放った昇。ひどい人だとあやは猛烈な反発を抱いた。しかし、決して悪くない思い出もあった。小さいころから、あの家で一番好きな場所は、お祖父ちゃんの広い静かな書斎だった。膨大な数の蔵書が壁面いっぱいの書棚に収められており、荘厳で神聖な雰囲気を醸し出していた。それは小さなあやにとってドキドキするような世界であり、お祖父ちゃんの留守中にそっと入りこんで書棚の本を出してみたり、大きな机の抽斗を開けてみたりした。文珍、切手、万年筆……そっと手に触れてみた。

この部屋は、子供たちの間では「恐怖の間」とも呼ばれていた。悪いことをして叱られるのも、この部屋だったからだ。母が「お父さん、今日素がこんな悪いことをしました。叱って下さい」と報告。すると、いついつ何時に書斎に来なさいという通達があるのだ。

中学生になってからのことだった。あやはこの部屋で、いかにも大事そうに薄紙に包まれた白い箱を見つけた。そっと開けてみると、菊の紋章のついたタバコが入っている。天皇陛下から賜ったものだ。一本取って、自分の部屋で吸ってみた。ゴホゴホ咳きこんで、苦しいったらない。その夜、祖父の書斎に来るようにとの指示が来た。タバコのことがばれたのだ。こっぴどく叱られるだろう。びくびくして入っていった。祖父は叱るというよりただ事実を伝えるように、淡々とした調子で言った。

「あや、人のものを黙って取ってはいけないよ」。

「……」

「それに、知ってるか、タバコを吸うにも吸い方がある。歩きながら吸うのは駄目。根元まで吸うのも駄目。そして、レディにはレディの吸い方がある」。そう言うと、祖父は一本取って火を付け、ぷかーっと煙を吐き出した。丸いドーナツのように穴のあいた煙。

「うわー、お祖父ちゃん、すごい！　あやにも教えて、どうするの？」

「女の子はこんな吸い方をしては駄目、ということ。いずれにしろ、あやにはタバコはまだ早すぎる」。

あやはお祖父ちゃんがぽわーっと作り出すドーナツの穴に指を通して笑い声をあげた。

大きくなり結婚して、家族連れでカサドールに遊びに行くと、お祖父ちゃんはいつも大喜びしてくれた。

「お祖父ちゃん、どう？」とあやがタバコを差し出すと、嬉しそうに「じゃ、一本いただくかね」と言って、二人でゆっくり薫らした。お祖父ちゃんはじつは子供がちょっと苦手で、あやたちが大きくなるのを待っていたのかもしれない。

涼の頭の中では、絶対君主的な存在としてのお祖父ちゃんの記憶が強い。一番嫌な思い出は、お父さんをなじっているお祖父ちゃん。でも、いい思い出もある。月に一度、本を買いに宮本書店に連れていってくれたこと。アイスクリームを食べに行ったり、アイススケートを見に連れていってくれたりしたこと。でも、こうした外出には一つ奇妙な点があった。子供四人全員を一緒に連れて行くことは少なく、たいてい二人ずつで、組み合わせはその都度違っていた。後になって、お祖父ちゃんは事故に遭って四人全員亡くしてしまうのをひどく恐れていたと知った。若いころ、一緒に山登りに連れていった弟が雨にぬれて、下山後、風邪をこじらせて死んでしまったのがトラウマになっていたのかもしれない。

素はお祖父さんをどう見ていたか？

「人にも自分にも厳しい人でした。難しい人でもありました。でもそれは、時代のはるか先を行く、非常に進んだ考えを持っていたからでしょう。教育レベルはもちろん知的レベルも高く、本や新聞は毎日読んでいた。孫の教育にも厳しかった。でも勉強以外のことでは、結構自由にさせてくれましたよ。僕は警察に捕まったことが二度あるんですがね、ちょっとした悪戯と学生運動じみたことでね。怒られるな〜と覚悟していたら、いやいやむしろ、『お前、よくやるじゃないか』と頼もしがっている感じでした。確かに父は苦しみましたよ。祖父は強い性格の人でしたから、相手にも強さを求めたのでしょう。父にはその強さがなかった。だから父を弱い人間と見下したのです。祖父は友人は少なかったですが、優秀な人でした」。

一方恵子は、晩年、昇はとても「分からずや」になったと言う。畑をしたり図書館を建てるため本の整理をしたり、自分勝手にしたいことだけをし、言いたいことを言って暮らしている昇の背中に、腹を立てて「イーッ」としかめっ面をしたこともある。

「父や母は林や斜面を抜けて崖下まで降りてゆく広大な庭を作り、大きな立派な家に住んでいたのに、隣の土地が売りに出るとそこも買ってしまいました。そして原商会の建物を売った代金で、図書館、プール、更衣室、食堂と台所までついた別棟を作って、皆を驚かせました。自分がやりたいと思うことは何でもやってしまうすごさに驚かされました。大きなプールは皆がカピタルから来て楽しみましたが、いつも水をきれいにしておくための労力は大変なものでした」。

市内に恵子名義の小奇麗なアパートを買うという約束は、都合よく忘れられてしまった。

昇は入院先の病院で十日ほど世話になった後、一九八七年十一月十九日、八十三歳の生涯を閉じた。戦前から日本や中国の美術品や骨董品など、東洋の文化を手広く南米に紹介してきた原商会は、一代目の利吉、三代目の修、二代目の昇の全員が逝って、完全に閉鎖された。商会はただ商売に専念するだけでなく、困っている日系人を助けたり、結婚や仕事の世話をしたりして、社会的にも貢献した。日系人社会における原昇氏の評判は、「真面目で立派な人。でも、もう少し人間味があってもよかった」という声が高かったと高木氏。

国立国会図書館に生きる昇の蔵書

昇が図書館作りにあれほど情熱を傾けたのは、日系人社会に日本語と日本文化を残したかったからだろうと涼は言う。だからこそ孫たちにも徹底した日本語教育をほどこし、そのおかげで、彼らの日本語の読み書きや会話力は、海外で育った者たちの中では群を抜いている。「国語」の教科書をあてがっておくだけでなく、本や雑誌の定期購読で、家庭での教育を量的にも質的にも補強した。子供たちはそのおかげか、日本語だけでなく、他の言語でも大の読書好きとなり、家庭内に独特の知的文化圏が作り上げられた。

昇はもともと旺盛な読書家で、第二次大戦後、苦しいヨーロッパから豊かなアルゼンチンに稀少本が入ってくるようになると本の収集にも情熱を傾け、週末は本屋巡りに忙しかった。懇意にしていたユダヤ人の本屋から電話が掛かってくると、食事中でもいそいそと席を立ち、「またロッツスタインからの電話だ。ご飯もお汁も冷めちゃうよ」と孫たちにからかわれていた。蔵書は二万冊近くにのぼり、その一冊一冊を大切にめでた。「好きな本が残れば、自分が残るのと同じだ」と言っていたのを涼は記憶している。

この膨大な蔵書のうち、洋書五千五百冊、和図書八十冊、文書類三百七十袋などが九〇年、日本の国立国会図書館に寄贈された。日本からの客を案内していたあやが、たまたま祖父の蔵書の話をしたところ、国会図書館によく出入りされているこの方が感銘を受けて、図書館に話を通してくださったのだ。日本から出向いてきた調査員によって選び出されたこれらの書籍の中には、貴重書四十九点、準貴重書十八点などのほか、十五世紀後半に刊行された貴重書の中の貴重書、初期活字体本インキュナビュラ九冊も含まれていた。

この九冊は、どんな大地震が来ても大火事があってもここは大丈夫という国会図書館の奥まった特別室に納められており、普通の人には閲覧できない。銀行の地下金庫室のように堅牢な場所なのだろう。温度も湿度も自動的に管理されているので、アルゼンチンの大草原に置いておくよりずっと良い保存状態が保たれる。「お父さんが大切に扱われた蔵書は、世界で一番良い場所に保管されていますよ」と恵子は墓前に報告した。

昇の肉体は乾いた風吹く南の大地で風化されようとも、彼の精神は故郷の重厚な図書館に戻ってきたのだ。

その他の蔵書は二年かけて整理され、「原コレクション」として収蔵されていて、閲覧可能だ。利吉手書きの古い原商会の台帳や帳簿、店で扱っていた東洋美術品の写真入りカタログ、昇や修が扱っていた布地見本なども含まれている。整理は大変な作業だったらしい。日本到着後、厳重な燻蒸処理を経てから図書館に搬入されたのだが、整理に当たる職員達はクシャミ連発。「これはアルゼンチンから来た『ハラコレ症』だ」という冗談が飛んだという。

昇の妻カズには、貴重な私財を公益のため寄贈したということで、紺綬褒章が日本政府から贈られた。

一人の人間について、どんな人だったか描き出すのは多難の作業だ。人にはいろいろな側面があり、どの側面に接したかで印象も違ってくる。百人が語れば、百の異なる人物像があり得る。どれか一つが真実というのではなく、すべてが真実の一片。それらをコラージュのように重ね並べていくことで、重層的に、多面的なその人の全体像が浮かび上がってくる。一九五〇年代半ばのある遠い夏の日、一橋大学同窓会「如水会」の催しで、家族ぐるみでブエノス郊外の湿地帯 Tigre にピクニックに行った日のこと。四十～五十人が貸し切りの遊覧船に乗って、暑い日ざしの中、小さな島々を巡った。一番長老の昇氏は白い麻

原昇・カズの肖像画。美術学校に行っていたあやの作品。カサドールの広間に飾ってある。

（多分）の上着をピシッと身に着け、パナマ帽をかぶってダンディを絵にかいたような姿だった。食事の時は、家でもきちんとワイシャツとチョッキを身に着けていたというあやの記憶とも符合する。自他ともに高い基準を掲げ、それに向かってまわりを強引に動かしていく、強烈な個性を持った紳士だった。今や絶滅種か……。

穏やかな長寿――カズ

昇が亡くなってからも、カズはカサドールの家で穏やかな暮らしを続けていたが、少しずつ認知症が進んでいった。時どきまわりの者が分からなくなったり、トイレやお風呂でも問題が出てきて恵子たちだけでは世話が難しくなり、八十七歳の時、近くにあるケア・ホームに入所した。ホームには無料で入っている人もいたが、カズはかなりのお金を毎月払っていた。寝室は個室だが、日中は大勢の人がいる広い居間で過ごしていた。日本人はカズだけで、他に三十人ほど入所者がいたが、入るのを嫌がることもなく、むしろ「大勢いるから楽しいよ」と仲良く暮らしていた。恵子は週に何度か自転車で会いに行った。

「家ではいくらおむつをあてても外してしまい困っていましたが、そこでは看護婦さんが付いているし、太っていたので入れるのが難しかったお風呂も入れてくれます。片付けるつもりなのか小さなスプーンをみな自分の部屋に持って帰り抽斗にしまってしまう癖があったので、スプーンが足りなくなるとホームの人はおばあちゃんの部屋に探しに行ったようです」。

恵子が留守の時は、家族の誰かが顔を出した。九四年六月、恵子が日本訪問中に、あやが母の滞在先に出している手紙が、留守宅の様子をよく表わしている。このとき、あやは四十一歳。

「六月十日（金）

なつかしいおかあちゃん：今、ちょうど九時半で、あしたおばあちゃんに持って行ってあげる『にもの』を作っています。今日、気になっていた銀行のおつかいがぶじに終わってほっとしています。おばあちゃんは心配だったサインもけっこうじょうずに書けました。

おかあちゃんはおばあちゃんの事を一番気にしていると思うので、少し報告しましょう。前にも二回ほど様子を聞くためにホームに電話しましたが、今日はじめてセニョーラ・ベートロテに会えました。

朝十時ごろルッキーと家を出て十二時前ホームに着いたら、おばあちゃんはおなかま達と食事中でした。そっとのぞいて見ると、品のよいしなびたおひな様のようにかわいいピンクのセーターをきせられてスープを飲んでいました。近づいて行くと嬉しそうに「おやおや、だれでしょう」と言いました。おばあちゃんはとても元気そうで、こぎれいで、ほっぺたには うっすらほほべにまでついていました。みんながKazu、Kazuと言って、とても大事にしてくれているみたいです。

今日、おばあちゃんのお昼ごはんはスープとチキンとピュレでした。美味しそうだったけれど、きっとおばあちゃんは白いごはんがいただきたいだろうと思いました。だからあしたは今作っている『にもの』とおにぎりを持って行ってあげようと思いつきました……作っているとき、おかあちゃんにも少しとっておこうと思い、すぐ、今おかあちゃんは日本にいて、たくさんのごちそうをいただける事を思い出しました……」。

自分が産んだ娘ではない恵子とは、お互い遠慮もあり軋轢もあったようだが、恵子と従弟の修の間に産まれた四人の孫たちは文句なしに可愛がり、後に、孫たちにもよくしてもらった様子が伝わってくる。まだ家で暮らしていたころ、恵子の力ではお風呂に入れられなくなった時、あやと涼が二人がかりで入れにきた。嫌がるお祖母ちゃんを涼が後ろから決然と抱えこみ、湯船につける。いったん入ってしまうと、「ああ、気持ちがいいねえ」と喜ぶお祖母ちゃん。そのふくよかな背中にはシミ一つなく、つやつやの肌だったと二人は言う。夏になると子供連れでよくキンタに遊びに来たあやの親友真弓も、「上品なお祖母さまでした。子供たちに、これこれ、犬をいじめてはいけませんよと声を掛けてらっしゃる姿を思い出します」と懐かしむ。

カズは若い時は規則正しい生活を大事にし、突然の訪問客や食事に飛び入りが入るのを嫌った。何もかも完璧にこなしたい主婦だったからだろう。修がスペイン語教室の後で時どき高木を家に連れてくるのも、カズにとっては「予定外」のことで、気に入らなかった。それを感じ取った高木はだんだん寄らなくなったが、生真面目な修にとって破天荒なところのある高木との付き合いは、もっと続いていれば好い影響をもたらしたに違いない。愚痴をこぼしたり弱音を吐いたりできる気の置けない友人同士になって。カズとは本当の親子じゃないから遠慮があって、どこかよそよそしいところのある関係だったと恵子は思い出す。

「でも、お祖母ちゃんは本当はとても優しい人だったと思う。涼ちゃんが生まれて夜よく泣いたので、これでは親が眠れないと、遠く離れた食堂にひとり寝かされていたことがある。涼ちゃんの泣き声が、それでも私のところまでかすかに聞こえてくる。その泣き声が止まった。どうしたんだろうと、そーっと覗きにいくと、お祖母ちゃんが涼ちゃんをすっぽり胸に抱いて、ゆっくり優しく揺すってやっていた」とあや。

カズは、あと二カ月で九十歳という一九九六年七月六日、老衰で静かにホームで亡くなった。家族は誰も最後を看取れなかった。

昇はほぼ最後まで自分の家で、カズは最後の三年間はケア・ホームでと少し違いはあるものの、二人とも老害をふりまくことなく安らかに死んでいくという計を、おおむね全うすることができた。

計を全うするためには何が必要なのか。まず自分が好んで住む家（場所）があること。二人にとってこれはカサドールの家だったし、カズの場合は認知症が進んでからはケア・ホームだった。そして日々の生活に困らないお金があること。会社を経営していた昇はその辺のところは抜かりなく準備して引退生活に入ったはずだし、カズがホームに入るだけのかなりのお金も残してくれていた。三番目に、寝たきりではなく、少し介助があれば日常生活を営めるだけの身体機能が残存していること。二人はこの点でも恵まれており、点滴や胃ろうで何年も生きながらえることはなかった。

四番目に、人、つまり人間関係も重要だ。彼らには養女に入った恵子がおり、恵子が産んでくれた孫たちがいた。その孫たちの友人や曾孫もいた。二人だけの閉鎖空間に生きるのではなく、子供たちを通して社会とつながっていた。それに昇は銀行やちょっとした用事のため好んで町に出かけていた。場所とお金と人とのつながりという最も基本的なものを二人とも持っていた。

加えて、昇には情熱の対象があった。書物とそれを収めるための図書館「素人文庫」作りだ。「自分勝手にしたいことだけをして暮らしていた」と恵子は評するが、「したいこと」がある、他者から見ると多少気まま勝手な「道楽」のある人は幸せだ。

カズは年を取るにつれ性格の重苦しさがとれて、明るく可愛い人になっていったようだ。呆けても、このように呆けるのならいい。ホームに入るのを嫌がることもなく、「大勢いるから楽しいよ」とは、家族のほうも救われる。訪ねてくる人には、にこにこして嬉しさを示し、頬にはうっすらと紅もさしてもらって小奇麗にしている。過去をとりたてて懐かしむでもなく、未来を思い煩うこともなく、その日その日を機嫌よく過ごす。これも穏やかに「今」を生きる老後だ。

第十章　人生の帳尻

お母ちゃんの再婚

カズが亡くなる五年ほど前の九一年十月、六十四歳の恵子は松堂昭リカルド氏と再婚した。昇の囲碁の相手として以前から時どき姿を見かけていたが、日本への旅行のため氏が経営する日系旅行社を訪れるうちに、アテンドしてくれるときの態度や話し方に好感を抱いた。修が亡くなってから二十年、昭もずいぶん前に妻を亡くしていた。

昭は沖縄出身の親を持つアルゼンチン生まれ。八歳の時、弟妹と沖縄に渡ったが、その後、太平洋戦争の勃発でアルゼンチンに戻れず。学徒動員され、雨の中で防空壕作りをしている時、喘息の発作に襲われて急遽入院、その間に仲間たちも弟も空爆で戦死した。後年お酒が入ると、「自分は皆を裏切った」と泣いたという。

三十歳の時、妻や子供たちとアルゼンチンに帰国、沖縄タイムスの通信員、『らぷらた報知』新聞の記者として働いていたが、六七年、沖縄問題で社長と意見を異にして退職し、その後、旅行関係の仕事に就いた。

通訳・ガイドの仕事で、あやは昭にずいぶん目をかけてもらってきたので、松堂家をよく知っていた。

昭とは気が合って、一緒にいて楽しい人だった。恵子にも「いい家族よ」と日ごろから話しており、お互い子供たちの誕生会に二人を招いて、近づくきっかけを作った。

恵子にとって修以来、初めてお付き合いする人だった。待ち合わせて日本映画を見に行ったり食事をしたり楽しい時間を持った。二人とも兎年で、波長（話し）が合った。自分はクリスチャンでもないのに教会にも付き合ってくれ、並んで座った。大好きなＦ１カー・レースがある時だけ、昭は途中でそっと抜け出して近くの店でテレビを見ていたが。あやに言わせると、「母はまるで小娘のようにいそいそとして、可愛いかった」とのこと。

「母は恋をしていました。それは年齢に関係がないことを思い知らされました。たまには幼い孫を同伴しての映画館、劇場、美術展、洒落た喫茶店でのひととき。会うたびにお互いの気持ちや日常を書きつづったノートを渡し合うデート。二人は若い恋人同士のように仲良く手をつないで歩きました」。

カサドールにも遊びに来てくれた。昇亡きあと、広いキンタにカズと二人きり。寂しかったので、来てくれると嬉しく、楽しみに待った。仕事が忙しくて「行かれない」という電話が入ると、がっかりした。ある日キンタに来ていた昭が、修のものだった浴衣を着ているのをたまたま来合わせた涼が目にして、「お父ちゃんのゆかただ！」と怒った。無神経にもほどがある！　というのだろう、急いで着替えさせた。はっきりモノを言う涼、他人が入ってきてお父さんの場所を占めていくことに抵抗があったのだろう。だらだらと同棲に入るのは嫌なので、ちゃんとけじめをつけようと、日本人牧師に式のお願いに行った。

二人が結婚を考えていることを知って、日本の由紀子姉は大反対、涼と素もあまり賛成しなかった。「いまさらまた苦労しなくても、お茶飲み友達で会いたい時に会えばいいじゃない！」というわけだ。「でも、私は応援しました」とあや。「だって好きな人とは二十四時間一緒にいたいでしょう！　若くして父修が亡くなり、今まで精いっぱい私達や祖父母や孫達のことを面倒見たのだから、今度こそ母の好きなようにしてあげなくては」。

結局、牧師立会いのもと子供たちも集まって、「婚約式」という形でけじめをつけた。結婚式にしなかったのは、遺産などの法的問題を避けるためだった。

二人の結婚は日系社会でずいぶん話題になった。修だけでなく、昭もよく知っていた『らぷらた報知』新聞の高木は言う。

「恵子さんは立派な日本女性で、再婚なんかしないと日系社会では思われてましたよ。そもそも、年とってからの再婚なんて珍しいしね。しかも、再婚の相手が意外な人だったんでね」。

高木はつづける。

「松堂さんは恵子さんを大事にしてましたよ。

松堂昭と恵子

沖縄県人会なんかで皆が集まっても、彼は十二時前に帰ってしまう。恵子さんが待ってるからと言って、『お先に』と」。

これは、恵子自身が語ることともよく符合する。

「初めの頃は旅行社の仕事があってよくカピタルに出かけていました。遠いし夜おそくなることもあって大変でしたが、元気で仕事を続けました。とてもこのキンタが気に入っていて、会社の仕事も息子とお嫁さんに任せるようになって、九三年頃にはもうめったにカピタルに行くこともなく、ここでの二人の生活は本当に幸せでした」。

当時まだ家に住んでいたカズも昭のことを気に入り、何かと頼りにしていた。やがてそのカズがホームに入り、そして亡くなった。

日残りて未だ暮るるに遠し

「昭さんと二人きりの生活になりましたが、土・日には子供や孫たちが集まって美味しいアサードを食べたりお茶をして、楽しく過ごしました。昭さんは『アルゼンチン日本人移民史』を書く仕事があって、母屋の書斎で机に向かっていました。またよく庭に出て、芝刈り機を押して働いていました。他にも庭仕事のために人を雇っていますが、とても庭が広いのでいつもきれいにしておくのは大変です。秋にはたくさん落ちる枯れ葉を集めるのが大仕事です。二人で日本に旅行している間、一カ月ぐらい雇い人が仕事に来なかった時は、ひどいひどい庭になっていました」。

恵子と昭は、結婚してから何度か日本を訪れている。二人の結婚に最初は躊躇を見せた姉の由紀子をはじめ一族全員が、昭に会って「本当にいい人」と喜んでくれた。

「二人は本当に仲が良かった」と、あやは思い出す。

「私達と何度も旅行しましたが、お揃いのジャンパーなどを着込んで、手をつないで私達の前をゆっくりと歩く姿を見ていると、本当に嬉しいというか微笑ましいというか……。でも、お父さんにとっては、けっこう厳しい母でもあったようです。食事をしながらテレビを見たり新聞を読んだりすると、『ダメ!』が出ました。母は私にも『ながら族は嫌だから、少しずつやめてもらっているの』と言っていました。昭さんは昭さんで、よく言ってました。『あやちゃんのお母さんは鉄の女だよ!』って」。

恵子の子供たちは昭を「お父さん」と呼んだ。「父」という意味より、昔から仕事関係の人たちが「松堂のお父さん」と呼んでいたのを、そのまま受け継いだものだ。本当のお父さんの修は「お父ちゃん」だった。

「私は割に丈夫で、たまに風邪をひいたりしますが、昭さんは喘息持ちで大変でした。本当に息ができなくなるほどで、カピタルに住んでいた時はひどかったようですが、空気の良いここキンタに住むようになってからはどんどん良くなって、『喘息は卒業したね』と喜んでいました。毎朝二人で早起きして体操をしたり、食事もきちんと時間を決めて食べました。お天気の日はよく庭仕事もしたので、健康に過ごせました」。

忍び寄る影

健康によく気をつけて元気だった昭が、どうも近ごろまっすぐ歩けない、すぐ転びそうになる、字がゆがむと言いはじめ、地元エスコバールの医者に診てもらったのは二〇〇〇年ごろだった。医者はパーキンソン病との診断を下し、薬を処方した。しかし薬を呑んでも症状は改善せず、そのうち薬を呑みこむのも難しくなった。気丈な恵子もさすがにこの時は急に老いこんだように見え、あやを心配させた。二〇〇三年九月、あやが自宅からカサドールに出した手紙の一部だ。

「お母ちゃん、来てくれてありがとう。泊ってくれてありがとう。今朝、お茶を飲みながらお話を色々聞いて、うすうす解かっていたことだけれど、お母ちゃんが可哀想で心配で、胸が張り裂けそうです。去年、皆でウルグアイの家で過ごした時、……散歩に出かけた時、何か頼りなげにお父さんと手をつないであやの前をとぼとぼ歩くお母ちゃんの後姿をみて、ああ、これはなんとかしなくちゃ、と凄く不安に思ったことがありました。

もう五十歳という私の年齢をけろっと忘れて何時もまるで子供のようにお母ちゃんを頼りにして甘えてばかりいるあやですが、これからはもっとあやがしっかりしてお母ちゃんを助けてあげたり、相談にのってあげなきゃ、としみじみ考えました。

これからはもっともっと何でも言ってちょうだい。言えば心配するだろうからと、心の中にいろいろ仕舞い込んでいては駄目よ……。お母ちゃんは色々なことが重なったのよ！　光の離婚のこと、お父さんの病気、あやまで怪我しちゃって……。

あやはお母ちゃんが一日も早く町に来てくれることを願っています。快適で小奇麗なアパート、それもベルグラーノ地区で。そうすればもっと会えるし、何かにつけて安心よ……。確かにお花が咲いたり、気持ちの良いカサドールは魅力はあるけれど、やっぱり大変よ……遠すぎて大きすぎて、お母ちゃんには随分大きな負担になっていると思います。あやだってカサドールの良さが解からない訳ではないのよ。一番多く利用させてもらっているのは私たちだから。でもやっぱりもっと近くに居て欲しい」。

二〇〇五年に恵子が涼と日本に行った時には、昭はもう一人キンタで留守番をするのは無理だった。息子の家にあずかってもらって、週末になるとホルへの車であやたちがキンタに連れていった。恵子が日本から戻ってきたころから病状は急激に悪化、この年のクリスマス・イヴに涼の家で集まった時にはとても痩せて弱っており、すぐ「横になりたい」と言った。

二〇〇六年のお正月は、カサドールで「二人だけで静かに過ごしたい」と言う彼らの希望を受け入れたが、年が明けて早々、ブエノスの脳外科専門医に見せた。診断はＡＬＳ、筋萎縮性側索硬化症。それも、末期だと告げられた。

再びの別れ

もうキンタに帰れないことは明らか。急速に機能退化が押し寄せるなか、日本人が大勢入っている市内の介護ホームと病院との入退院を繰り返す。

昭は、いつもキンタに帰りたがっていた。帰るバス代ぐらいは持っていたのか、ある日誰もいない時、一人で着替えをして、そーっと階段を下りてホームの玄関まで来た。よくもそこまで力が出せたものだ。キンタに帰りたい一心だったのだろう。そんなこと、とうてい無理なのに。あと一歩というところで見つかって、連れ戻された。病状は悪化の一途をたどり、四月に入ると話もできなくなった。今後のことを考えて、松堂家の戸籍や重要書類を揃えておくように言われ、恵子は昭が使っていた書斎などを探しまくったが、見つからない。

「そこで小さい時から『もの探しの名人』と言われていた私が、カサドールに応援に出向いたのです」とあや。四月八日のことだった。

「母屋の大きな書斎の本棚をくまなく探し、抽斗の中を点検し……。でも、それらしきものは見つかりません。もう疲れ果てて、『お父さん！　助けて頂戴よ。どこにしまっちゃったのよ！』と声に出して言いました。その時、床にあった電気かPCのケーブルに足が絡まり転んでしまったのです。その瞬間、床の上の私の目に入ったのは、デスクの下の奥の方に置いてあるぼろぼろの革鞄でした。本当に嘘のような話！　鞄を開けてみれば、皆があれほど探していた古い書類が全て入っていたのです」。

その書類を持って、恵子とあやは直ちに病院に向かった。恵子は気分が悪くなり車の後部座席で臥せっていたので、病院に着いた時、あやだけが鞄を持って病室に駆けつけた。翌日から三週間の出張が入っていたあやは、「行ってくるね。また来るからね」と昭に呼びかけてから、「もう会えないことが分かっている人に、そんな白々しい嘘なんかつけない」と思い直し、耳元に顔をよせて言った。「お父さん、本当に楽しかった。色々ありがとう」。

車に戻って、横になっている母に言った。

「本当にいいの？　会いに行かないの？」

「いい、あした行くから」。

が、その「あした」は来なかった。翌朝六時半、昭は亡くなった。そばには子供や親族は誰もいなかった。電話で知らせを受けた恵子は、放心状態だった。

九一年十月九日、お互い六十四歳のときの「婚約式」からおよそ十五年を共にして、二〇〇六年四月九日死去。昭享年七十八。

今でこそ六十代の離婚や結婚を聞いてもあまり驚かないが、二十五年前は「エッ、とっくに六十も越してるのに？！」というのが一般の反応だった。何と月並みで偏狭な反応だろう。人が人を愛し求めるのは若い者の特権であるかのような考えに、知らず知らずのうちに流されていく。事実、若い時を過ぎると、新たに誰かを愛するという心の柔軟性は失われ、感受性も鈍麻されていきがちだ。イギリスの哲学者バートランド・ラッセルがその著『結婚と道徳』の中で言っている。

「結婚に全神経を集中させ、他から寄せられる愛のはたらきかけすべてに心を閉ざしてしまうのは、明らかに感受性や共感、貴重な人間的触れ合いの機会を減少させてしまうものである。それはまた、理想的な観点から言うと本来望ましいはずのものを損なう破壊的行為でもある」。

最愛の人と結婚したからといって、他の人に関心を持たなくなり惹きつけられることもなくなってしまう、それを結婚相手にも当然のように求めるというのは、幸せな結婚というより心貧しい生き方ではないか。伴侶だけを見ているうちに、いつしか精神は怠惰、情感は鈍重になり、伴侶に対する愛や欲望も希薄になっていく。そして恋や愛やは「もう面倒」という心の様態が定着する。それが中年というものだ。しかし恵子はそうならず、「まるで小娘のように」と自分の娘に評されるぐらい、しなやかな心を持ち続けた。

そして、昭との十五年は恵子の人生の帳尻を合わせてくれた。若い純粋な気持ちと憧れを持って、夢と希望にわくわくして結婚した修との生活には、修と舅の関係、商売のこと、病気など苦労が続き、耐えなければならないことが多かった。ほとんどの結婚生活にはそういう苦労が多かれ少なかれ、遅かれ早かれ伴う。でも昭との生活は、商売の苦労やお金のこと、子供たちのこと、両親との問題など、壮年期につきものの問題はおおむね通り越えて、二人で気楽な日々、穏やかで幸せな日々を過ごせる人生の段階に入ったころにはじまった。

修が長生きしていたら、いずれそういう老後の生活が楽しめたのかもしれないが、その機会もなく修は早く亡くなってしまった。そういう意味では修は本当に気の毒だった……。

と、思うのは、まだ事の全容が見えていないからかもしれない。全てのことには意味があるはずだ。恵子は修の思い出に安座するかわりに、長い年月を経て機が熟したときに再び人を求め、一緒に生きるという道をとった。

二人の人を愛したその愛し方は違うだろうが、愛せて良かった、「昭さんに巡り合えて、本当によかったですね」と言いたい。

修が亡くなった一九七二年から昭が亡くなる二〇〇六年までの三十四年間、世界もアルゼンチンも原家も激動の年月を駆け抜けてきた。七二年にはアルゼンチンでは亡命先からペロンが帰国し、政権を樹立（七三年）、その直後に死去し（七四年）、妻イザベラが政権を継承した。しかしビデラ将軍によるクーデター（七六年）で打倒され、その後軍事政権による激しい弾圧の日々が続いた。治安はどうやら回復したが経済は破綻し、国民は激しいインフレに苦しめられた。

そんな中、原家では、あやが結婚した（七六年）。

世界では七二年、ニクソンの訪中が新しい歴史を開き、七〇年代は米中国交正常化や鄧小平による中国の改革開放政策がニュースを飾った。また日本では、沖縄が本土復帰を果たした（七二年）。

八〇年代、アルゼンチンではイギリスとの間でマルビーナス紛争が勃発（八二年）、折からの軍事政権による経済運営の失敗と社会的混乱に敗戦の不満が加わって、八三年の選挙では急進党のアルフォンシンが大統領になり、軍事政権は崩壊した。

軍事政権から受け継いだ過酷なインフレや対外債務の問題で、新政権は経済面では成功を収めることはできなかったが、ブラジルやチリとの関係を改善し、南米南部共同市場（メルコスール）形成への土台を作った。

一方世界では、ソ連にゴルバチョフが登場してペレストロイカ（改革）を推進、東西陣営のデタントが急速に進んで、ついにはベルリンの壁の崩壊が世界を沸かせた（八九年）。

この年、アルゼンチンではペロン党のメネムが大統領に就任した。

原家では、三世代続いた商会の全面閉店（八〇年）、涼の結婚（八一年）、光の結婚（八四年）、素の結婚（八五年）、そして昇の死（八七年）と、冠婚葬祭の十年だった。

日本はバブル経済がはじけて、「失われた十年」に突入。また天皇が崩御して昭和が終わり、平成の時代に入った（八九年）。

九〇年代は希望の楽観ムードで幕あけた。米ソ間の接近で冷戦時代は終わった。もはや二大国の核の恐怖に怯える必要はない。しかし、そう思ったのは束の間のことで、九一年にはゴルバチョフが失脚、ソ連邦そのものがなくなって、きわめて不安定で流動的な世界になった。中東ではイラクによるクエートの侵攻で湾岸戦争が勃発（九一年）、アルゼンチンは南米で唯一部隊を派兵した国だった。

八九年に発足したメネム政権の新自由主義的経済政策と、ペソの対ドルペッグ固定相場制が功を奏して、アルゼンチンの経済は九〇年代、一時年率九パーセントにも達する成長をとげていたが、アジアではじまった通貨・金融危機（九八年）は、コンピュータ化されたサイバー資本市場を通して世界中に負の連

恵子の子供たちと
互いの伴侶たち、
カサドールにて

ホルヘ＝あや　ボウヤ＝涼　素＝康子　光

鎖を引き起こし、影響はアルゼンチンにも及んだ。ブラジルのレアル切り下げによるアルゼンチンの輸出競争力の低下もあって経済は暗転し、九九年の選挙では急進党のデ・ラ・ルアが勝利した。

原家ではこの間、恵子が昭と再婚（九一年）、光が離婚（九三年）、カズが死去（九六年）、そして光が再婚した（九六年）。ヨーロッパでは欧州連合が発足し（九三年）、日本では阪神大震災（九五年）と、初めての大規模都市型テロ「地下鉄サリン事件」が起こって（九五年）、社会を震撼させた。

世紀が変わって二〇〇一年。九月十一日の同時多発テロで、世界は大規模な無差別テロの時代に突入した。アメリカはテロリスト集団「アルカイダ」排除のためアフガニスタンに対して軍事行動をとり、大量破壊兵器保持疑惑でイラクにも単独行動主義で攻撃をかけた（〇三年）。

経済の分野では通貨・金融危機の影響が深刻化し、アルゼンチンではデ・ラ・ルア新政権が手を打とうにも経済状況はもはやどうにもならず、二〇〇一年十一月、ついに経済は崩壊し、デフォルトを決行した。大混乱のなかデモや暴動が起き、貧困者は国民の五三パーセントにまで拡大した。

未曽有の経済的社会的危機を経て、ペロン党左派のキルチネルが大統領に就任（〇三年）、強いリーダーシップと世界経済の回復、農産物価格の上昇に支えられ、経済の安定を達成した。

〇七年の大統領選では妻のクリスチーナ・フェルナンデス・デ・キルチネルが、選挙によって選ばれたこの国初の女性大統領になった。翌〇八年には、リーマン・ブラザーズの経営破綻が世界を揺るがした。〇九年にはアメリカで初の黒人大統領オバマが誕生し、同年八月、日本では民主党が選挙で圧勝して、五十年余りに及ぶ自民党の長期支配が終わった。昭が亡くなったのは、そんな時代だった。

恵子は昭が亡くなってからも、一人で広いキンタの家に住み続けた。子供たちはどんなに寂しかろうかと案じて、ブエノス市内に移ってくるよう説得にかかったが、恵子は「来年ね」と笑うばかりで、なかなか応じなかった。キンタが大好きだったのだ。それに、四十代後半から五十代前半にある壮年期真っ只中の子供たちには、多忙な生活があるのだから。

二〇〇七年、たぶんこれが最後の旅だと言って子供たち四人と日本に行った時のことを、恵子はこう書いている。

「いちばん大切なようじは自由学園卒業六十年のきねん会といとこ会でした。長いとおい日本への空のたびもぶじすませてかえってきました。クラスの人たちはみな八十さいになっていましたが、その中で私が一番元気でした」。

第Ⅲ部

子供たち

第十一章　転機

恵子襲われる

二〇一一年四月十五日、昭が亡くなってから五年たっていた。その日あやはブエノスから南千五百キロほど離れたバルデス半島国立公園で、日本のテレビ局のロケ班と仕事をしていた。九〇年代半ばから、テレビ局の番組制作ロケ班の通訳兼コーディネーター、時にはリポーターとしての仕事が増えていた。この時は某テレビの『世界の果てまでイッテQ』、タレントは人気者のイモトだった。大西洋に面したこの半島は、クジラ、ペンギン、アシカやシャチの生息地として世界自然遺産に登録されている。ロケ班は、この時期アシカの赤ちゃんを狙って浜辺に寄ってくるシャチの映像を撮ろうとしていた。なかなかいい映像が撮れず、忙しいイモトはやむなくスタッフを残して日本に帰国。その翌日、今日もシャチは来そうにないから、仕事はオフにしようとディレクターが提案し、のんびりランチを楽しんでいた。ディレクターのほかに音声、アシスタント、カメラマン、車のドライバー、国立公園のレンジャー、そしてあやがテーブルを囲んでいた。その時、携帯が鳴った。あやは席を外して出た。

「あや、驚かないでね。お母ちゃんが撃たれたの。でも、もう大丈夫、命に別状はないし入院もしていない。あやは心配しないで仕事を続けて！」と涼の声。

「そのとき、私は腰が抜けました」とあやは回想。

「頭が真っ白、じんじん耳鳴りがする。テーブルに戻るとスタッフが怪訝な顔をして見ています。『あやさん、顔が真っ青だけど……』とカメラマン。口を開けるのですが、言葉が出てこない！　わっと泣き出したので、みんなが驚く。『ごめんなさい！　今妹から電話で、母が昨夜家にいる時、誰かに撃たれたらしいのです！　命は助かったようですが』」。

大騒ぎになった。あやはすぐに、この案件のエージェントをしている真弓に電話をかけた。「真弓さんごめんなさい。ここは万事うまくいっているの。でもね驚かないでね。母が……」。さすが真弓、大したもので、あやの話を聞きながら同時にブエノスに帰るフライトを探し、代わりに現地に飛ばす人を決めて連絡を取っていた。レストランに戻ると、ドライバーが百七十キロ離れたトレレウ空港にあやを連れていく車の手配をしていた。

「皆さまごめんなさい。私帰らせていただきます。すぐに代わりの人がこちらに来ます」。

「そうなさい、直ちにお母様のもとに行ってあげなさい。ここのことは心配しないで！」

あやは深夜ブエノスに着き、翌日朝一番に涼の家で母に会った。思った以上に母はしっかりしていたが、撃たれた首の後ろのガーゼも痛々しく、あやは母を抱きしめて泣いた。話はこうだった。

四月十四日の夜、恵子はキンタの家で裏窓に背を向けて一人で夕食を採っていた。「今日はいいヒラメが手に入ったから煮魚を作ったのよ。これから食べるところ」と電話で涼と話をしたのが八時半ごろ。その直後に、何者かにガラスの窓越しに背後から撃たれた。窓には頑丈な鉄格子がはまっていたので、犯人は中に押し入ることができず、恵子は助かった。何が起こったのかとっさに把握できず、ショックで痛みも感じなかった。気が付くと肩にかけていた白いタオルが血に染まっていく。首の後ろに手をやると、べっとり血がついた。警察に電話しなくちゃ！

この窓ガラス越しに恵子は銃撃された

でもその前に神戸に住む妹の陽子に電話した。毎週火曜日の夜八時半過ぎ、姉の由紀子と妹の陽子に電話をすることになっている。電話がかかってこなければ、何かあったのかと心配するだろう。いつもの通り「陽ちゃん元気？」と電話した。事件のことは何も言わず、「今ちょっとゆっくり話ができないので、またね」と切った。

警察に電話したのはその後。いつも庭仕事を頼んでいる近くの夫婦者にも連絡した。病院に連れていってくれる人が必要だ。パニックに陥ることもなく、恵子は冷静に気丈に事態と向き合っていた。すぐにパトカーが来て、庭師夫婦も車で飛んできてくれた。警察は現場確保のためその場を離れられない。病院に行く前に連絡先を聞かれて、あやの家の電話番号を教えた。

夜の十時ごろ、警察からあやの家に電話があり、ルッキーが出た。

「あなたは何歳ですか」と警察官。

「二十八歳です」。

「ケイコ・ハラの何に当たるのですか」とさらに聞かれる。

「孫です」と答えながら、ただ事ではないと感じてホルへに受話器を渡した。事件を知ったホルへは涼に電話をし、素と光にも次々と知らせが飛んだ。出張中のあやはどうするか。真夜中なのであやはどっちみち動けない。とにかくまずは病院に行くことだ。皆はエスコバールまでの五十キロを車で飛ばした。

涼が泣きながら病院に駆けこんできた時、恵子は応急手当てを済ませ、これから救急車で大きな病院に運ばれて本格的な検査を受けるところだった。意識も気力もしっかりしていて、「あやちゃんには知らせないで！」と強く言った。搬送先の大きな病院で首の後ろの傷は大した傷ではない、心配ないと言われ、その夜は恵子を残して、いったん各自家に引き上げた。翌日、検査の結果、入院の必要もないとのことで、恵子は涼の家に引き取られた。この段階で涼は初めてバルデス半島のあやに電話を入れた。

特殊犯罪調査課

警察の調べでは、恵子に当たったのは猟師が使う散弾銃の小さな破片で、だから命が助かったとのこと。ほかにもピストルが発射されており、恵子が座っていた正面の窓ガラスに弾丸の穴が開いていた。もしこれが恵子に命中していたら、生きてはいなかっただろう。

捜査を進めるうちに警察は、この事件は単なる強盗ではない、何かおかしい、もっと複雑な犯罪がかかわっていると考え、事件を特殊犯罪調査課にまわした。この課は不明な点が多い事件、発生場所の管轄の

〈VENDE〉売りに出されたカサドールの家の前、2012年

手に余る殺人、誘拐、麻薬、マフィアがらみの犯罪を扱う機関で、今回の事件も、昨今増えている中国系マフィアによる犯罪かもしれないと警察は睨んだらしい。現場検証や近所の聞きこみ捜査から、犯行には複数の人間がかかわっていたらしいことも浮かんできた。

確かにこの事件には、単なる物取りと見るには腑に落ちない点が多かった。長年このキンタに住んでいる恵子の存在は地域の人によく知られており、まわりの人たちは恵子に好意的で仲良くしていた。そもそも花の都エスコバールでは、日系人は園芸や造園業で地元経済への貢献大きく、評判がよかった。恵子が広大な地所の立派な家に住みながら贅沢はせず、質素な年金暮らしをしていることは周知の事実だった。そんな年寄をわずかな金目のもののために襲う訳がない。仮に盗みが目的であったとしても、相手はか弱い女、銃など使わなくても簡単に制圧できる。

では何だったのだろう。人違いの嫌がらせ？　ひょっとして恵子は、最近時どきある中国人同士の抗争の関係者と間違えられたのではないか。あるいは不動産がらみの犯罪？　この土地を欲しがっていた業者の嫌がらせとか。子供たちはどうだろう？　遺産をめぐる確執や　争いがなかったか。あるいは恵子は何か怪しげな宗教団体にでも引っかかっていないか。誰かに恨まれていなかったか。次々と立てられる仮説の中には、あやたちを辟易させるものもあった。まさか、自分たちが疑われるなんて！

事件があった週の土曜日、恵子と子供たち四人は特殊犯罪課に呼び出され、一人ずつ個別に一時間ほどみっちり話を聞かれた。恵子の知り合いについて、きょうだい同士の仲について、遺産について、心当たりについて。恵子の聴き取りには配慮が示され、素が付き添った。全員の事情聴取が終わって外に出た時、素がふーっと大きな息をついて言った。

「お母ちゃん、気晴らしに二～三カ月日本へ行ってきたら？　旅費や滞在費は全部出すから」。

「日本はいいわ。それより、できたらまたホルヘたちとパタゴニアに行って、あのきれいな月が見たい」。恵子は迷うことなくそう答えた。それを聞いてホルヘは直ちにパタゴニアへの旅を手配。恵子は子供たちに愛され護られていることを、いまいっそう感じるのだった。

もうキンタで一人暮らしを続けられないのは明らかだ。犯人は捕まっていないし、動機や目的も分からないままだ。スペースに余裕のある涼のところに世話になりながら、早速アパート探しを開始。涼の家から近い一角に、オート・ロック付き、管理人常駐という手ごろなアパートが見つかった。探しはじめてまだ二、三軒目、「もう少し見ましょうよ、もっといいのがあるかもしれないから」と子供たちは欲を出すのに、恵子は「ここでいいわ」とあっさり決めて、早速六月の初めに引っ越した。２ＬＤＫ、一人で住むには充分な広さだし、安全でみんなのところにも近い。取り立てて好きというわけではないが、キンタに住めない以上、住居にはもうあまりこだわらないという、気持ちの切り替えが速い恵子だった。
引っ越してきてまだ日も浅いある日、いつもの火曜日の定期便電話で、姉の由紀子がこんなことを言った。

「先日ね、篠田さんのところのアキコさんがこちらに見えてね、恵ちゃんについて本を書きたいのだけれどいいか、って。ほら、同時通訳をしてらっしゃる方よ。この間の東北の地震と原発事故で、日本での国際会議が次々キャンセルになって自由な時間ができたから、この機会にいつか書きたいと思っていた、恵ちゃんみたいに外国に渡った日本女性についての本を書き始めようと思い立ったんだって。愛真ホームに行って理事長（敬）の同意も得たいとおっしゃるから、ホームにもお連れしたのよ。恵ちゃんさえよければ、ブエノスに行って直接話を聞きたい。ブエノスでの生活のことや、日本への思いについて、って」。

私のことを本に?! それも、アキコさんの手で? 懐かしい篠田家の皆さん! 小父様、小母様。ブエノスに住んでらした時は度々お目にかかれて、どんなに嬉しかったことか。その後も社用で小母様ご同伴でこちらにいらっしゃると、ホテルに呼んで下さって御馳走になったり、キンタに咲いた百合の花をお持ちすると、それは喜んでホテルのお部屋に活けてくださった。いつお会いしても、小父様には阿波丸で亡くなった父の姿が重なって、懐かしいやら悲しいやら……アキコさんとは、何年か前に通訳のお仕事でこちらに見えた時、涼の家でお昼をご一緒した。そのもっと昔、志染の山奥にやっと家が建った時、小さなアキコさんは小母様に連れられて、何キロも歩いて家まで遊びに来て下さった。あの日、岡島の母はどんなに喜んで皆さんをお迎えしたことか。

恵子は少し戸惑いながらも、自分のことが本になるのは嬉しかった。じつは恵子自身も書くのが好きで、いくつかモノを書き残していた。一九五〇年、日本を離れ原家にやってきた十二日間の旅については『空の初旅』を、修さんとのなれ初めから死に至るまでのおよそ二十年間のことは『おさむのこと』として、そして二〇〇七年には、大学ノートに鉛筆書きで『自分史』をまとめていた。

揺れる大地

あの日、二〇一一年三月十一日、アキコは東京世田谷区の自宅にいた。娘一家と住む二世帯住宅の一階にある住まいは、大きな揺れにわさわさと何分間も揺さぶられた。終わってみると飾り棚の中の小さな置物が二、三倒れているだけで、他は変わりない。しかしすぐにつけたテレビではとうてい現実とは思えない、まるでCG合成のような巨大津波の光景が広がっていた。そして翌日からは、まさかの原発事故の悪夢がはじまった。

放射能が東京にもまき散らされてしまう？　その時になって東京を脱出しようにも、車のガソリンは手に入らない。西に向かう道路は渋滞して動かない。列車は満員で乗れない。「私はもういい、充分に生きたから。でも、九歳、七歳、五歳の幼い子供のいる娘一家はどこか安全な場所に避難させたい」。しかし肝心の娘たちは、そんな気持ちは毛頭ないと言う。最悪シナリオになるとは思わない。万一そうなっても、ここ東京で屋内退避で切り抜けるつもりだと。

心配でたまらないアキコは、少しでも安心できる材料がないかと原発関連の情報を集め、重要な知らせを聞き逃がすまいと、一日中神経を張りつめてニュースを追っていた。が、そうすればするほど原発不安に乗っ取られ、不安が日々の生活の底流をなし、気力も思考力も吸い取られていった。自分で取れる対策は少ないのに最悪を予想し、心配を募らせる「予期不安」ほど不毛なものはないと分かっていながら、どうすることもできずにいた。

日を追うにつれ、原発事故の収束には気が遠くなるほど長くかかることが分かってきた。超長期戦。アキコは祈った。それほど遠からぬ将来に、せめて今の危機的な事態だけは収束し、今回のことをきっかけに、より謙虚で賢く、安心で心優しい社会を構築するための歩みがはじめられますように。多少不便で「生活の物質的な質」は落ちても、原発のエネルギーに依存せずに存続する真っ当な社会へのパラダイム・シフト（構造変革）が成し遂げられますように。この災害を契機に、核のない、貪欲に支配されない新しい文明を生み出し、それを世界に発信していく拠点に日本を育て上げていけますように。

アキコはまたよく泣いた。津波で家族を失ってしまった人たち、特に小さな子を亡くした親や親を亡くした子を見て、胸がつぶれる思いで泣いた。この背負いきれぬほどの悲しみがいずれ癒され、回復の日々が必ずや来ますようにと祈った。

四月になって関西への一人旅に出た。ずっと気を張り詰めていてはもたない。震災後の自粛ムードで人影少ない京都。銀閣寺から南禅寺まで疎水沿いを歩きながら、疎水の流れが日の光に照らされて、数メートル向こう岸の岩壁に光の動画のようにきらきらと映し出されていく様を眺めた。あまりにも凶暴な光景が焼き付けられてきた目には、それはしみじみと有難く、心安らぐ風景だった。歩きながらしきりに心に思い浮かべていたのは、津波で何もかも根こそぎに持っていかれ茫洋たる瓦礫の原となってしまった三陸の街跡や、町は無傷で残っているのに人影はなく、時おり犬がふらふら歩いている原発近くのゴースト・タウンだった。It's not fair! 心の中から何度もそんな言葉が飛び出した。「フェアじゃないよ！」、「理不尽だ！」。そう、人生なんてフェアじゃない。アキコは怒りをこめてつぶやいた。この疎水沿いに住む人の幸運、あの海沿いに住んでいた人の不運。今回の場合は。

旧友と待ち合わせて、終戦後移り住んだ甲子園口一帯も歩き回った。住んでいた家の跡、すぐそばの旧甲子園ホテル。当時は進駐軍に接収され、将校クラブになっていた。いちご畑の中の一本道を延々と南に歩いて通った村立鳴尾北小学校。今は畑などどこにも見当たらない一面住宅地。疎開先から移ってきた時、焼け跡があちこちに残っていたのに。この旅が心の切り替えにずいぶん役立った。数日間は余震に怯えることなく、優しい自然と親しんだ。何よりも、人生の山あり谷ありを乗り越えて、仕事も遊びも大それた野心や贅沢を追わず、孫たちと小さな日常性の幸せや苦労を重ねて真っ当に暮らしている友との時間が、アキコの心に安らぎをくれた。

我々は次の時代に入ったのでは？

東京に帰ってきた直後、朝日新聞の『オピニオン』面で、歴史家の川北稔氏へのインタビューを読んで、涙するほど感動した（二〇一一年四月七日「歴史の今」刀祢館正明）。先生はおっしゃっている。近代国家で、大規模な被災があった後に復興しなかったところはない。長い目で見れば必ず復興する。そして、今回のことが被災地以外の生活や経済にも大きな影響を与え、人びとのものの考え方を変え、歴史の方向性を変えるかもしれない。経済は常に成長すべきだという「成長信仰」そのものが、大きな挑戦を受けているのだ、と。

「つまりこれは、私が求めている新しい文明の創造のことよ！」アキコは胸が高鳴るのを覚えた。成長し続けなければ競争力を失うという呪縛から解き放たれ、先進国全体がもっとまともな、限界をわきまえた生活に向けてリセット（レベル・ダウン）して行けばいいのだ。そういう彼女の日ごろの考えを先生の話の中に見出して、千人力の味方を得た思いだった。人間が幸せになるためには、生きるために本当に必要なものと、そうでもないものを仕分ける能力と、必要でないものは拒絶する力が大事なのだ。

そして先生は、十八世紀半ばに壊滅的な大地震と津波に襲われたポルトガルの首都リスボンを例にあげておっしゃっている。これがポルトガル没落の直接的契機になったわけではない。震災前から地位が低下していたところを襲われた。大災害はすでに起きていた流れ、特に後退気味の傾向を速めてしまうのだと。まさにこのところの日本そのものか？

「確かに日本はかつてのポルトガルのようになるのかもしれません。……世界のトップ、アジアのトップではなくなるかもしれません。ただし、それが不幸かというと、話は別です。いくら落ちるといっても江戸時代のレベルまで戻ることはありません。低開発国になるわけでもありません。現在のポルトガルを見てください。むしろある意味で安定し、人々は幸せな人生を送っているのではないでしょうか。もっとも、それを『安定』と受け止めるためには、我々の価値観、メンタルな部分が変わる必要があります。以前と同じ、『ずっとトップを走らないと不安』ということでは、『被災後』をうまくやっていくことはできないでしょう」。

最後のくだりは、自らの人生との関連からもアキコの胸に強く響いた。三歳の娘を連れて日本に舞い戻り、同時通訳者として第三の人生を歩みはじめてそろそろ三十年。運にも恵まれて、彼女はこの道でまずまずの成功を収めてきた。しかし、原発事故で国際会議は軒並みキャンセルとなり、秋まで仕事は戻ってこない。いや、本格的に戻ってくるのは来年だという。戻ってきたとして、もうすぐ七十歳に手が届く通訳者を誰が好んで使うか。よほどの能力か魅力がない限り、若くて有能な通訳者がいればクライアントは当然そちらを使いたいだろう。そう、「災害はすでに起きていた滅びのプロセスを加速させる」のだ。「被災後を生きていくためには、私もメンタルな部分をリセットしなければならないのよ」。アキコは自分にそう言い聞かせた。

それなりの存在証明や充実感を与えてくれた仕事中心の生活を断ち切り、一個人として生きていくこと。そのためには、自分のように業の深い人間は、両腕をスパッと切り落とすような思い切った行動が必要だ。定年のない自由業だからこそ、退き時を見誤ってはならないのだ。さもないと、自分の能力以上になっているかもしれない仕事をいつまでも続けようとする。もはや声も出なくなっているのに、いつまでも歌いたがる歌手のように。引退していかざるを得ないことは寂しいし悔しいが、それが自然の摂理とあらば、むしろこの状態を逆手に取って力強く新しい生活へと切り替えよう。通訳という仕事に人生の充実を求めるのを止め、仕事が少なくなったことで落ちこむより、その分、多くの時間と気力と知力、期待と喜びを新しいプロジェクトに注げばいいのだ。たとえば、いつか時間ができたら取りかかりたいと思っていた、外国に住む日本人についてノンフィクションを書くというプロジェクトに。

アキコは子供時代かなりの年月を外国で過ごし、外国人と結婚して子供までもうけた。しかし、心は常に半分日本に向き、「半人前」の人生しか生きていないと感じて、ついに日本に戻ってきてしまった。相手と一対一で接しているぶんには、どこにいてもいい。問題はパーティなど大勢の人がいる集団の中で、その社会や文化と向き合った時だ。アキコは自分がその場のフル・メンバーであると感じたことがない。「借りてきた猫」とまではいかないが、控えめで、自己主張はしないという愛想のよい存在。「私は本当の生活をしていない、影の生活をしているだけなんだ」という気がしてならなかった。

帰らず留まった人たちは、そんな思いをしたことはないのか。日本を出てしまったことに複雑な思いを抱いた日々もあったはずだ。帰りたい、帰ろうか、と思ったこともあったはずだ。結局、どのようにして現地での自分と日本との折り合いをつけていったのか。新地で生きることのできなかった自分には何が欠けていたのか。アキコはそうしたことを追求したいと思った。グローバル化の進展や地球環境の激変で、今後、故郷を離れる人たちはますます増えるだろう。自らの選択で異郷に渡った人。自分のかかわり知らぬ自然や社会の巨大な力ゆえに、異郷に追い出されてしまった人。このテーマはそれだけ普遍性を増し、追求する意味も大きくなっていく。

ブエノスに行こう！　そして前から気になっていた恵子さんに会ってこよう。どんな話が聞けるか分からない。海の物とも山の物ともつかない。お金もかかる。でも、長年頑張ってきた自分へのご褒美、通訳業からの「卒業旅行」だと思えばいい。新たなスタートをきるための、人生の次の段階に移るための、思い切った行動だと。

こうしてアキコは二〇一二年一月、恵子のもとへとやってきた。

恵子の「いま」

その半年前、恵子が移ってきたベルグラーノ地区は、大統領府や五月広場のあるブエノス中心部から北西に車で二十分ほどのところにある。ブエノス・アイレスがあんなところだなんて知らなかったわ、まるでヨーロッパみたいね、とテレビの旅行番組などを見た人は言う。確かにその通り、だから「南米のパリ」と言われてきたのだ。

アルゼンチンは日本の七・五倍の国土を持ち、最新の統計では人口は四千万を超えた。そのうちの千二百四十万人がブエノス・アイレス大都市圏に住んでいる。ブエノス・アイレス市内だけだと、三百五十万だ。市は「銀の川」という意味を持つラプラタ川河口の西側にあり、河口の向こう北東側はウルグアイだ。人口の八十五パーセントはスペインやイタリアなどヨーロッパ系民族、十五パーセントが先住民インディオとメスティーソ（白人と先住民の混血）だと言われるが、比率は実は定かではない。

アジア系は少なく、日系人は二世・三世などが二万三千人、在留邦人が一万人で、合わせてもアルゼンチンの人口の〇・一パーセントにも満たない。最近、パラグアイやボリビアからの不法移民が増えており、その数は百万人近くに上るともいう。南米にありながらヨーロッパ風の街並みを意図して作られたから古い石造りの建物が多く、確かにローマやマドリードの市街地を思わせる。他方、ヨーロッパからの移民が最初に上陸した川沿いのボカ地区は独特の港町文化を擁し、アルゼンチン・タンゴの発祥の地だ。

ベルグラーノ地区は、鬱蒼《うっそう》と茂る大樹の並木道沿いに四～五階建ての石造りアパートが並ぶ、古くからの住宅街だ。最近は新しいモダンなアパートも増えているが、昔ながらの一戸建て屋敷や洒落た戸建ての並ぶ一角もある。角を曲がれば、家族経営の八百屋や肉屋がパラパラと点在している、中流の上が住む地区だ。しかし実際に歩いてみると、並木道の石畳の上に継ぎはぎ細工のようにアスファルトやセメントで荒っぽく補修した箇所があちこちにある。でこぼこのまま放置されているのが、いかにもラテン系らしい。

恵子のアパートはバスが激しく行き交う大通りから少し入った、緑の街路樹が茂る一角にあった。まだ新しい八階建てだ。四階にある家のドアを開くと、そこは日の光がいっぱいの小奇麗なリビング・ダイニング。ほかに寝室が二つ、キッチンとトイレ・バスルームという間取りだ。東京で高齢者が一人住まいするアパートとくらべて、ずっとすっきりしている。収納スペースが十分ある上、自由学園や「友の会」で鍛えた恵子の整理整頓術ゆえだろう。小さなバルコニーも付いているが、泥棒の侵入を防ぐため、上から下まで頑丈な網が張ってある。リビングのサイドボードには家族の写真、ソファには由紀子が贈った兎のぬいぐるみ。壁にはさらに家族の古い写真と"Dios es Amor"(神は愛なり)と書かれた銘板が掛かっていた。

恵子は「さすが自由学園卒業生!」と思わせるような日々を送っている。六時半起床、ベッドの上で五分ほど体操、洗顔、礼拝(聖書を読む)、七時半朝食。人参サラダと牛乳をたっぷり入れたカフェオレ、トースト一枚。八時のニュースをつけて、その日の天気と気温を聞いて「主婦日記」に記録。朝食のあと家事。そして散歩一時間半、公園までの決まった散歩ルートがある。帰宅後、子供や孫たちから頼まれた縫物や編み物、そして読書をする。昼食。その後NHKの朝ドラ『カーネーション』を見て、ちょっと横になる(シエスタ)。五時ごろお茶、家の片づけ。夕食は誰か子供たちの家に呼ばれることが多いが、一人の時はサンドイッチや簡単なご飯もので済ませる。

質素な生活で、いっさい無駄遣いをしない、とあや。移動はバスか列車か地下鉄か歩きで、タクシーには乗らない。しかし子供たちの家を訪ねる時は、いつも高いサンドイッチやお菓子やメロンの手土産を持ってくる。家族全員の誕生日には、封筒に結構な額のお金を包んで、そっと渡す。

また、好き嫌いがはっきりしていて、たとえば携帯電話は嫌い。便利だからとせっかく素がプレゼントしてくれた携帯も、ストレスが溜まるばかりと言って、三カ月で突き返してしまった。社会の風潮に流されず、威圧されず、どこに出ても毅然としていた、と子供たち。昔、破産して昇所有の商会建物の奥に住まわせてもらっていた頃、大使館の晩餐会に招かれて、夜遅く黒塗りのハイヤーで送られて帰ってきた。オバケでも出そうなこの古い建物と黒塗りハイヤー。恵子はその対比を可笑しがって、シャッターをガラガラと開けて中に入りながら、「お母ちゃんてシンデレラみたいね」と笑った、という。

一日の終わりには家計簿をつける、2012年

子供たちからは、それぞれ日に一度は用がなくても電話が入る。また週に一度、火曜の夜、神戸にいる姉と妹と電話で話す。とても規則正しい毎日だ。太った高齢者が多い中で、恵子は「痩せすぎ」と子供たちが心配するほどスリムで、八十五歳とは思えないほど姿勢もしゃんとして敏捷だ。スラックスとセーターまたはTシャツ・スタイルが多いが、胸元にはペンダントなどのお洒落も忘れない。

就寝は十時半か十一時ごろだ。その前に必ず日記と家計簿をつける。『婦人之友』の主婦日記は、もう何十年も毎日つけている。気温や天気のほかに、その日受け取った手紙や電話、またこちらから出したものの記録、そしてその日の出来事が手短にまとめられている。家計簿もずっとつけている。ノートに線を引いて作った自家製のもので、毎晩、一ペソ（二十円）でも計算が合わないと、気持ちが悪い。計算はそろばんを使ってする。毎日数字を扱い、自分の手で字（漢字）を書く。これがボケない秘訣なのかもしれない。

一日のうちで恵子にとって一番大切なのは、聖書を読むという礼拝行為だ。父と母がここブエノスではじめた家庭礼拝を八十年後の今も一人で守っている。もとはといえば、原家のためだけでなく、戦前、岡島の両親がはじめたブエノスの日本人教会のために働くという目的もあって、こちらにやってきた。母倭子は悩み祈りぬいた末、神に捧げるという意識で恵子をブエノスに送り出した。最初の数年は恵子も日本人教会でオルガンを弾き、積極的にその運営にもたずさわった。しかし、年月と共に教会のやり方に違和感を覚えるようになり、足が遠のいて行った。「恵子さんのご両親が設立した教会なのだから、その娘さんが来ないとねぇ……」と、どんなにお誘いがあっても、二度と戻ることはなかった。その代わり、毎日一人で家庭礼拝を続けている。

息子の素は言う。

「母はすごく苦労をして子供たちを育ててくれた。とても感謝しています。一流の教育を受けさせてくれた。中学校ぐらいからは煩く注意したりすることもなく、やりたいこと、行きたい行事には工面して参加させてくれました。母はオプチミストで前向きな人なんです。キリスト教という信仰があるからでしょうか、苦しい時も神様が助けてくださると信じて進んだのですね。子供たちは違います、私たちにはそういう信仰はありませんから」。

倭子ほどではないかもしれないが、信仰を持つ者の強さが確かに恵子にもある。子供たちも小さいころから神に祈り、日曜学校に通うという生活をしてきたが、あまりにも早く父修が召されてしまったことが納得できず、教会に通わなくなってしまった。でも、無信仰なのではないとあやは言う。何か大きな力に支えられて生きてきた。もはや形として存在しない父をはじめ、祖父や祖母や多くの人たちにいつも助けられてきたと強く思う。そして、彼女独特の天真爛漫さでこうも言う。

「結構キリストのことは好きだったのですよ！　感じが良くて、勇ましくて寵愛に満ちていて、まるで奇術師のようにたくさんの奇跡を起こし、もし私がその時代に生きていたら絶対会いたい方でした！」

涼はこう言う。

「若くして未亡人になり、命の綱と思っていた祖父にも見放され、家も無き、生活費も無きの惨憺たる日々でも、信仰と教育に尽くし、一日と貧しい思いをさせなかった母には『有難う、長生きしてね』としか言うことができません」。

恵子は母が一九三三年に結成し、その後一時途絶えていた『婦人之友』の「友の会」ブエノス・アイレス支部を、七〇年に再び立ち上げた。最初は三十人ぐらいの会員がいたが、その後、亡くなる人が相次ぎ、会員の高齢化も進んで、二〇〇五年に会を閉じた。母の時代から数えると、七十二年の歴史だ。「友の会」には恵子に誘われて素の妻康子も入った。会員のみんなとは違いクリスチャンではない康子は、時

『婦人之友』の「友の会」ブエノス・アイレス支部のメンバーと、2005年

には宗教面で思い悩むこともあったが、「それ以上に、海外で女性として母親として逞しく生活されている大先輩方の言葉はとても大切な道標となり、友の会で得たものは図り知れません」と言う。

恵子は車を運転しない。キンタに住んでいた時は、自転車が移動手段だった。今はキンタに行く時も子供たちに頼らず、準急バスを乗り継いで気軽に出かけている。もちろん日帰りで、泊まることはしないが、年金を受け取る政府事務所もパーマをかける美容院も、いまだにベルグラーノには移さず、キンタのあるエスコバールにそのまま残している。

こうした近況や昔のことをずっとさかのぼって恵子から聞き出していくのに、アキコは一週間使った。心身ともに健康な恵子だが、言葉を使ったコミュニケーションはあまり得意ではなさそうだ。昔ははっきりものを言い、あの個性の強い自由学園で委員長を務め、教師までした人だ。今ではスペイン語の方が楽で、日本語は話しづらくなっているのだろうか。あるいは長年、昇・カズ夫婦と修との間で調整役をし、言いたいことも言わず口をつぐんでいることが多かったせいで、寡黙が第二の習性になってしまったのかもしれない。

いや、それ以上に一人暮らしが長くなり、自己主張の機会や必要性が少なくなってくると、人は口数も少なくなるのだろうか。特に恵子の場合は、何も言わなくても、子供たちが先取りして希望を満たそうとしてくれるから。

あるいはまた、これが年を取っていくということ、つまりエネルギーが枯れていくということなのだろうか。別に、話したくない、というわけではない。自分には伝えたいことがあるから、インタビューも引き受けたのだ。が、不思議と何だかかったるく、弾まない。効果的なコミュニケーションに必要な、自分をむしろ過剰に演じて流れをリードしていくだけのエネルギーが湧いてこないのだ。寛いでいる時の普段の自分のテンションをグッと引きあげて、積極的に自己表現をするというサービス精神が呼び起こせない。話は相手任せで、自分は自然体のままでいる。しかし自然体のままでは、ある一定年齢に達すると必要最小限の会話で終わってしまう可能性がある。

恵子とのインタビューにおいても、彼女の控えめな言葉を拡大解釈し、追加質問をして確認を取ってからさらに話を進めていくという方法が必要だった。その上にまわりの人の記憶や書き残された資料を重ねていくことで、彼女が生きてきた世界が少しずつ見えてきたのだった。

古い大きな石造りの家で繰り広げられた四世代の生活、それはかつてアキコ自身両親に連れられて訪ねたことのある家なので、おぼろげながら記憶もあり、想像も可能だった。しかし、修と昇の軋轢は、全然知らないことだった。その末の修の死や彼の闘病日記には涙した。母倭子が去りゆく恵子に病床から書いた手紙は身につまされた。母の死、事業の破産、住み慣れた家からの引っ越し、修の死、と続いたあの二、三年は恵子にとって人生最大の試練の時であり、精神的に参ってしまってもおかしくなかった。それを彼女はよくぞ耐え抜いた。どうにもならないことには性急な発言や行動で事態をさらに悪化させてしまうのを避け、じっと待つ。耐える。しかし、憲兵隊には機転を利かせて果敢に立ち向かった。もう一つ、これもまたアキコがほとんど何も知らなかった昭との再婚については、それが恵子にもたらした穏やかな充足の日々を知り、深く感動した。恵子よ、あっぱれだった！　と。

聞きとりを進めていくうちに、子供たちの果たした役割がしだいにはっきり浮かび上がってきた。そして恵子や修がどんな思いでブエノスに来たのかということより、来た結果どういう人生が展開されたのかということにアキコの関心は移っていった。彼らがここブエノスに来たことによって生み出されたいくつもの命、編み出された人生、世界。今や全員が五十代になった四人の子供たちに、アキコは焦点を移していった。

恵子を中心に、左から素、あや、涼、光。
カサドールの家の庭で

第十二章　子供たちの「いま」

あやとホルへ――結婚三十五周年

二〇一一年、あやとホルへは結婚三十五周年を迎え、六十歳になったホルへは政府機関の弁護士職を退職した。子供たちはディエゴが三十二歳になり、美術の教師。カローラは三十歳で、ジュアリーデザイナー。クラシック・ギターの教師をしている恋人と同棲中だ。ルッキーは二十九歳で、映像プロダクションの画像編集者。十二年間付き合ってきた恋人マキシーと来年結婚の予定だ。彼は米国系のコンピュータ会社で働いている。一代目の利吉から数えて五代目になるこの世代は、言語でも仕事でもパートナー選びでも日本離れが進み、外見もすっかり西洋人化している。カローラは一年間日本でジュアリーデザインの研修を受けたが、その後の生活は日本と関係がなく、日本語もほとんど忘れてしまった。

一家が住む3LDKのアパートはベルグラーノの南端にあり、目の前は広大なゴルフ・コース、後ろ並びに左右両側とも大樹の茂る公園で、抜群の住環境だ。建物はペロン時代のもので、築六十年は越しているが、市の保護建築物になっているのでリフォームもできない。彼らは二十三年前、ここに引っ越してきた。

あやは多忙な生活の中でも周囲に流されることなく、自分にとって重要なものを見失っていない。彼女

あやとホルへの子どもたち。左からディエゴ、カローラ、ルッキー

結婚35周年を迎えたあやとホルへ。自宅で、あやの手料理を前に

はこんなことを書いている。

「私は小さいころから本の虫とか本気違いと言われています。どんなに疲れていても毎日読みます。それも日本語の小説ばかり。隣で眠っている夫に気を使いながら、こっそり明け方近くまで読んでしまいます……多分本を手にしなかったたった一回は、結婚の初夜かしら……食べることも作ることも大好き。何も高い料理ではなくても、ジャガイモ一個でも美味しく頂きたい。ですから高級レストランでも、『これは絶対電子レンジで温めたね！』と分かるとすぐに不機嫌になります。でもあまり文句を言うと夫にしかられます。

今晩ベッドに潜りこんで読む面白い小説が一冊あること。何品かの料理を作るのに必要な素材があること。雨が降っていてもカンカン照りであっても元気で目覚めること。母や家族全員（ペットも含めて）が無事に過ごしていると知ること。兄弟や友達との集まり。辛口の白ワインが冷えていること。お気に入りのバージニア・スリムがあること（ヘビーではありません。一日多くて六本）。たまには仕事から解放されて家でゆっくり出来ること。稼いだお金はほとんど家族との旅行につぎこみます。と、これだけの条件が揃っていれば大変幸せです」。

ホルへとあやの出会いや結婚に関して、これまで主にあやの話を聞くことが多かったので、今度はホルへに聞いてみた。彼もあやのように彼女一筋だったのか。

「一筋、かどうか……でも、今日までずっと一緒にきて、一度も揺るがなかった。僕は結婚しなけれ

あやとホルヘとデルフィーヌ。円熟の秋——あやたちの家の前で

ばならないとか、子供を作らなきゃならないとか固定観念を持ってない。好きなように、自然に流れて生きて来て、結果的に一緒にここまで来た。あっというまの時間だった。一つしか生きられない人生を心の赴くままに生きて自然に作り上げたものがあやとのこの生活なのだから、僕は幸運だね」。

日系人との結婚で、失ったもの、困ったことはなかったか。

「あやの家族との付き合いで、違和感を覚えたことなど一切ない。嫌な気持ちになったこともない。あやの弟妹たちもアルゼンチン人の友達が多いし、とても居心地が良かった」。

家族の「しがらみ」を嫌って結婚せず、子供も持たない人が増えているけれど、そういう生活をどう思うか。

「確かにアルゼンチンでも結婚しない、同棲してうまく行けば結婚、それも晩婚というのが増えている。仕事を持って、もっと自由に生きたいという。それは世界的なトレンドだ。若い人たちが簡単にくっつく、別れる。「しがらみ」（relations—人間関係）を嫌がる。僕もがんじがらめにされるような「しがらみ」は嫌だ。重苦しいことには耐えられないからね。妻であれ恋人であれ独占欲が強く、何もかも掌握していなければ気が済まないというような相手はごめんだ。あやは全然そんな人間じゃないから、うまく行った」。

引退後はどうするのか。日本の男性は引退すると「ぬれ落ち葉」なんて言われるけれど。

「何とも気の毒だね。僕はこれまで同じ弁護士事務所で働いてきた同僚と新しい事務所を立ち上げる予定で、今その準備を進めている。これまでは政府の教育省に属する弁護士チームの一員として、先生たちからの訴えに対応する役目を担っていた。これからは反対の立場で、先生側の訴えをサポートする仕事だ。彼女も僕も、もともと教師だからね。それに、時間に追われることなく、自由な時間も楽しみたい。まず、趣味でやっているスペインのガリシア地方のバグパイプをもっと本格的にやる。もう一つの楽しみは、旅行。それと長年の夢だった軽飛行機のパイロットのライセンスを取ること」。

あやにも聞いてみた。三十五年を振り返ってみて、この結婚をどう思うか。

「私はね、この結婚には二つの『殺し文句』があったと思う。一つはね、『かたときも絶対に忘れないものもある』というあの言葉ね、私の。でもね、彼もこんなことを言ったの。『あやは呼吸さえしてくれていればいい』って。これが彼の殺し文句。彼は整理整頓好き、私は下手。それで喧嘩になることがある。そんな時、私、彼に言うの。貴方、言ったわよね、『あやは呼吸さえしてくれていればいい』って。彼はちょっと困ったような顔をするわ。

私たち、あまり議論しないの。前は何か言われるとムキになって言い返したり、何とか自分を正当化しようと理屈を並べ立てていたけれど、相手はさすが弁護士、十言えば百返ってくるし、ますます混乱して疲れるのでやめちゃった。それに、うるさいなーと思っても、今日喧嘩したままこの人が事故にでもあって帰ってこなかったらと思うと悲しくて、可哀想でいとおしくて、怒っている気持ちもすーっと静まってしまう。

ここまで一緒に暮らしてくると、何がどうなっていると彼が不機嫌になるのかも分かっている。彼は、仕事から帰ってきた時家がきちんと整頓されているのが好きなの。猫（二匹）のトイレもちゃんと掃除してある。トイレット・ペーパーは切らしていない。食事はできている。ビールは冷えている。だから、食事はまだ出来ていなくても、さも出来ているかのようにテーブルに食器を並べておくの。彼の足音がするとデルフィーヌが吠えるでしょ。それを聞いたら、使えないように上の方に一時置いてあったまっさらな猫のトイレをさっと下に降ろす。ああ、きれいだね、というわけ。でも、不安になる時もある。仕事が忙しくてかまってあげられない。小奇麗にもしていない。これじゃいけないと思う。この人はね、浮気できない人なの。誰かを好きになったら、本気になってしまう人。それが分かっているから、気をつけなきゃと反省したりする」。

去年の十月、三十五周年を記念してホルへはあやをカリブ海のアルーバ島に連れて行ってくれた。五つ星のすばらしいホテル、海を見下ろすバルコニーで、「これまで本当に楽しかった、出会えて良かった、愛しているよ、って言ってくれた。弁護士としての仕事の時はともかく、普段の生活では寡黙で口べたの彼がね。これからもっと二人で旅をして、ゆっくり話し合う時間を作ろうね、夫婦として二回目の人生をスタートさせようねと約束した」。

とはいえ、あやには仕事からの引退はまだ先のこと、出張を伴う企業通訳の依頼も多いし、日本のテレビ局のための通訳も増えた。バルデス半島、ボリビアのウニュニ塩湖、そしてもうすぐ『地球絶景紀行』のため、フエゴ島にある世界最南の都市ウシュアイアからチリのサンチャゴ、さらにイースター島に行くことになっている。

このような場合、国立公園内での撮影許可をとったり、公園レンジャーを雇ったり、インタビューする人を決めてアポイントメントをとったり、果ては撮影機材の持ちこみ申請や入国管理業務など、さまざまな作業が必要で、仕事を受けたエージェントは、限られた時間内でスムースに番組制作ができるよう、事前に仕こみ作業をおこなっておく。タンゴのコンクールをしたいと言われれば、適切な会場を決めて審査員の先生をお願いし、謝礼を決めたり、時には番組作りに適したネタを探し、テーマを提供することもある。取材行為が実際に回り出す以前、回っている最中、そしてその後の後始末など、すべての段階でことが円滑に進むよう支援する。

取材班は時には無理を言ったり、アルゼンチンでは失礼と見なされることを平気で要求したりする。「皆さんはお帰りになったらそれっきりだからいいでしょう。でも私はここの人間だから、それはダメ」、「そんなことをしたら、次に取材を申し込んだとき、受けていただけませんから」と諭さなければならないこともある。

あやを見ていて、不思議に思うことがいくつかあるが、その最大のものが彼女と母恵子とのきわめて濃密な母娘関係だ。四十代、五十代と成熟した女性になり、しかも職業人としても有能で頼られる存在でありながら、母との関係においては小さな少女のように母に甘えることもあれば、母のことを実に細やかに気遣って支えようともしている。母への愛情を気負ったり照れたりせず、これほど素直に真っ直ぐ出せるのは、ひょっとしたらラテン文化の影響なのかもしれないが、この辺のところが平均的日本人女性と大いに違う。祖父母から徹底的に日本人であれと、そして亡き父からは日本とアルゼンチンの両方のいいところを取ればいいと言われて育ったあやだが、両人たちの願いが叶ったと言える。日本人という種をアルゼンチンという土壌で育てたらどんな花が咲くのか、あやそして涼を見ていると、羨ましいほど情愛に溢れた、自立した美しい花が咲いたと思う。

涼とボウヤ——私が好きなものは全部ここにある

涼は末っ子のソフィアが二歳半になったとき再び働きだし、それから二十三年、ずっと同じ「富士テック」のブエノス・アイレス営業所で働いて、今では総務・財務・人事担当のベテラン社員になっている。朝八時半にはオフィスに入り、退社は夜八時から八時半というから、ほぼ十二時間労働だ。もちろんシエスタ休みなどない。夕食は九時半か十時ごろからとなり、週に少なくとも一度は近くに住む母恵子を招く。夫のボウヤが母の送り迎えをするが、その彼も周産期医療の専門医として忙しく、家にいないことが多い。

お父さんと同じように二人の娘たちも難関校 Collegio Nacional を出て、大学は医学関係に進んだ秀才だ。長女のフローラは老人医学を専門に選び、「父さんが連れてきて、私が送るの」と笑う。小さいころから動物が大好きだった次女のソフィアは獣医学を専攻し、牛や羊を専門にしている。二人とも日本語力は「ないに等しい」と涼。しかし、両親とも日系だから、二人の外見は日本人のようだ。五代目とはいえ、原家の場合は一代目はもちろん二代目の昇も三代目の修も日本生まれの一世で、四代目の涼たちになって初めてアルゼンチン生まれの二世が登場したわけだ。五代目世代のフローラやソフィアらの日本離れは、三世としては平均的といえるだろう。三世になると、移住先に同化するということか。

アキコがブエノスに着いた時、姉妹はアルゼンチン北部からパラグアイにかけての最貧地域で先住民の部落に入り、医療状況のリサーチをしていた。

「ピキ（ソフィア）は奥地から複雑な思いで帰ってくるでしょう。入ったのはトーバス部族が住んでいるグアラニ地方なんですけど、もう来てくれるなというような雰囲気らしいです。時々電話かけてくるのですけどね、現地では『帰ってくれ、健康の改善や生活の向上などしてもらわなくていい、そっとしておいてくれ』と言われるらしいです。新しい薬や農薬で生活は一時的に良くなったように見えても、結局少し経つと以前より悪くなっているって。自分たちには昔からの知識ややり方があるから、それでいいって」。生物多様性の議論でよく出てくる、伝統的知識の保存ということだ。

「難しい問題ですよね。ピキも悩んでいました。

涼、自宅のキッチンで

涼の夫ボウヤと、向かって左にフローラ、右がソフィア（ピキ）

差し出がましいことをしてはいけない、でも本当に放っておいていいのか……」

三週間後、アキコがアルゼンチンを去る時、フローラはまだ奥地にいたが、ソフィアはその前日戻ってきてお別れ会にも来た。

皆にピキという愛称で呼ばれているのは、幼いころの彼女の頭の毛が、アルゼンチンの大草原パンパスに群生する雑木ピキジンの頭頂部を思わせたからだ。丸い頭から硬い茎状の葉が密生して、ぴんぴん飛び出しているのを。

涼いわく。「ピキジンはパタゴニアのような干ばつ地帯に多く生えています。幹が硬く、水がなくてもひっそりと我慢強く、力強く生きているところが家のピキに似ています。少々とげがあって、あまり近寄りすぎる者に対してはディフェンドするところも」。

二十七歳になった今、髪の毛はもうぴんぴんしておらず、ちょん髷結びをしてまとめる必要もなくなった。小柄で元気溌剌とし、よく笑う彼女を見ていると、今度は座敷わらしを連想する。

これは彼女の母涼にも当てはまる。背丈こそ小柄だが、バイタリティーに富んでいる。もう五十代も半ばを越しているのに、肌は明るくつやつやで、雰囲気的にもとても若い。姉のあやが今もたおやかな乙女的な雰囲気を持っているのに対し、涼はてきぱきと物事を処理する、元気な女学生と有能なキャリア・ウーマンを足して割ったような感じだ。

ホルへと「運命的」な出会いをし、迷うことなく彼一筋できたあやに対して、涼は「私はいい加減、だらしがないのです。流されてずるずる付き合ったり、結婚したり……」と自己批判する。女性には身を焦がすような大恋愛をして結婚したいという願望があり、そうしなかったことは一世一代の不覚、と受けとめられるのだろうか。でも、結婚に最大限の思いを託し、自他ともに熱く激しく揺るぎない確信を持って進む人生より、ある程度「いい加減」で自分の描く人生の輪郭がぼんやりしている人の方が、一般的にまわりにも大らかで、幸せに近くなれるのかもしれない。結婚は「ずるずる」(自称)、実生活は「てきぱき」の涼を見ていると、そんなことを思わせられる。結婚してから今年で三十一年。

「それで、ボウヤとの関係は?」

「空気みたいな関係」と、これまた日本的な答えが返ってきた。

彼らが住む家もベルグラーノにある。アパートではなく一軒家だ。十七年前、新築のこの住宅を買った時、一階をリフォームして客用和室スペースを作った。その窓から美しく整えられた現代的和風の庭が見え、日当たりのいい芝生の上を二匹のカメがゆるりゆるりと散歩していた。三方を高い白い壁で囲ってプライバシーが確保されている庭の一角に竹が群生している。その竹藪で「国産の蚊」を繁殖させているのだという。外国から侵入してきてデング熱を広める悪い蚊を迎え撃ち、駆逐するためだそうだ。「こちらの蚊は悪いことはしませんからね。刺されると痒いだけで」と真面目な顔をして涼。

「ここに移ってくる前は、五十平米ぐらいの狭いアパートに住んでいたんです。人間四人、猫四匹、そう、今のように二匹じゃなくて四匹、それは大変でした。他にもアリ、ゴキブリ、コオロギ、なんでもいました！　もうどうにもならなくなって、母やボウヤのお父さん、勤め先の会社からお金を借りて、この家を買ったんです」。

涼が作ってくれた美味しい和風冷やし中華のお昼を食べていると、ふらりとボウヤが帰ってきた。母スサーナさんを定期的に訪ねる孝行息子だ。「食事はあちらで済ませたからいいよ」と言って、三階の寝室に上がっていった。「いつ呼び出されるか分からないから、家にいるときは寝だめしています」と涼。

あと四年で定年だという涼は、定年後はボランティア活動をしたいと言う。そうなのか、ここでも中高年のボランティアは時代の流れになっているのか。

「なんのボランティア?」

「病院のデータベース作りです。アルゼンチンの病院では、統計や書類のデジタル化ができていないところが多いのです」。

「患者さんのカルテなんかも?」

「はい、それも。だから、カルテや統計をデジタル化して、データベースを作るのです」。

「日本に対してはどんな気持ち?」

「私には住みにくい国です。留学中も私は外国人だった。でも、外国人として暮らすことができない外国人。青い目の本当の『外人さん』なら別の暮らし方ができるかもしれないけれど、私は変な日本人と見られて、いつも違和感がありました。留学を終えてヨーロッパ回りでブエノスに帰ったんですけど、パリに着いた時、『ああ、家に帰ってきた！』って、ほっとしました。パリの方が日本より私には近い。もちろん日本には友達もたくさんいて電話をしたりメールし合ったりしてますけど、日本には住めない。女の人の扱いも問題です。職場では、ランクが下。富士テックの本社を見ても、藤原道子さんはいつまでたっても藤原さんで、決して藤原課長にならない。そんな社会は嫌です」。

そして涼は言う。

「私が好きなものは、全部ここにある。猫、娘たち、家族、家庭、仕事。私はこの国が大好きです。とても大らかなところがある国だから」。

涼の家のキッチンで、涼と光、2012 年

とても大らかなのは涼も、である。

光は？——『本格小説』、『1Q84』、そして愛娘

姉たちや兄が直球を投げてまっすぐ人生を歩んできたのに対し、光はちょっと変わった変化球を投げながら、ここまで来たように思う。上の三人とは世代が違うかのような複雑さがある。彼は二度結婚、二度とも離婚して現在は独身。現代社会のありようが彼に一番現れている。

一九九三年に勤めはじめた日本企業アルパインの現地法人は、九六年にはアルゼンチン南端フエゴ島の関税特区で自動車エレクトロニクス製品の生産をはじめ、その後も順調に伸びて、五十二歳になった光は、ペルーやブラジルも含め南米を総合的に統括する地位にある。

鹿島建設で働くため三十歳で日本に行くまでは、自分は日本人なのかアルゼンチン人なのか、アイデンティティーに戸惑いを覚えたこともあった。日本は世界でとても頑張っていたし、そんな日本を誇りに思っていた。しかし日本で仕事をはじめて、自分は日本人の顔をしたアルゼンチン人なのだと気付いた。そして不思議にほっとした。物事に対する対応の仕方がアルゼンチンでは直観で分かるのに、日本ではその直感が働かない。日本人の反応もよく分からない。日本にはよく行くが、「出張」で「外国」に行っているという感じだ。

光はパメラとの離婚が人種や国民性と関係があるとは思っていない。パメラはその後再婚し、パメラとの間に生まれたイヴァンは今年二十六歳になった。彼はお父さんと同じように数学が得意で、中学校の時の全国一斉テストで、ブエノス・アイレス市で一番になった。しかし彼は大学には行かず、指圧やアロマ・セラピーを習得する専門学校に行って、人気の指圧師になっている。これも現代的な現象の一側面か。その昔、小さな光が病気のお父さんに毎日マッサージをしてあげていたのを思い出すと、なにか因縁めいたものを感じる。そのイヴァンが、ちょうど夏休みでカサドールにいた。

アキコは恵子を理解するために、彼女が愛するカサドールの別荘はぜひ見ておきたかった。そこである日、バスを乗り継いで連れていってもらった。乾燥した草原パンパスを想像していたのに、滴るような緑の大樹がわさわさと生い茂る地で、別荘地コミュニティのゲートからきれいに舗装された並木道がくねくねと伸びて、両側の木立の間から富豪の館がちらほらと奥深くうかがえた。
「ここよ」とタクシーを降り立ったのは、Los Conejitos（子ウサギ荘）と書かれた小さな木戸の前。少し先にある正面の門まで行かず、木戸を押して中の小道を歩いていった。何と爽やかで気持ちがいいこと！

適当に間伐してあるのだろう、木が茂りすぎて暗いという感じがなく、明るい日の光が緑の葉の合間から優しく差しこんでくる。その先に立派な煉瓦造りの母屋と離れがあった。恵子は母屋の入り口でイヴァンの名を呼んだ。返事はない。が、孫といえども、勝手にドアを開けて入ったりはしない。
「おかしいわね、いるはずなんだけど。どこかへ出かけたのかしら」。

離れの鍵を開け、招き入れてくれた。昇氏がかつて日本や中国から輸入したのだろう。古い立派な東洋の違い棚や食器戸棚が、居間兼ダイニング・キッチンの壁面を占めていた。大きすぎて市内のアパートに収まらないという。都会の住宅は無駄のない省スペース型のものが多く、昔の家にあった重厚な家具は行き場がないのだ。恵子はこの部屋で、今はブーゲンビリアで覆われている裏窓から撃たれた。

簡単な昼食を済ませて再び母屋に向かおうとした時、背の高いランニング姿の青年が、のんびりと母屋から出てきた。「やっぱりいたんだわ」。そう、今まで寝ていたと言う。もう十二時も過ぎているというのに、若者の特権だ。昨夜はきっと夜更かししたのだろう。明るい太陽がまぶしそう。しばらくすると、ほっそりした魅力的な女の子がにこにこ笑顔で出てきた。二人とも裸足で、いかにも屈託のない様子だ。この夏を一緒に過ごしているガール・フレンドだと、まだ少し覚えている日本語で紹介してくれた。時代は確実に変わり、原昇氏はお墓の中でひっくり返っているかもしれない。

恵子とイヴァン。カサドールの家で、2012年

離婚から三年後の九六年、光はブエノスに勉強にきていた日本人女性と再婚した。そして九八年には娘が生まれた。

しかし、この結婚も間もなく破綻し、二人は数年前、正式に離婚した。

残念だったのは、光が結婚や離婚について語ってくれなかったことだ。こちらから強引に聞き出そうという勇気もなかった。趣味は囲碁、空手、ゴルフ、マラソンなど個人でするものが多いという彼には、もとより興味深い点が多かった。特に、水村美苗の『本格小説』の大ファンだと知って、アキコは一気に彼への親近感を深めた。

彼が住むモダンなアパートの居間には大小いくつかの絵と、ギターが四棹壁にかかっていた。一つはイヴァンが原家の家紋を彫りこんで特別にしつらえてくれたものだ。

正面にかかっている絵が目を引いた。両

光の描いた絵

手を十字架に縛られたキリストのような恰好をした男を後ろから描いた絵で、緑の原っぱから赤い夕陽（朝焼け？）の空に向けて飛び立とうとしている。背中や脚、お尻の筋肉はくっきり描き出されているが、うなだれているので顔はこちらから見えない。苦しそうな、寂しそうな絵だ。光の自作だと言う。「もがいていた頃の絵なんです」。

コーヒーを淹れてくれたので、白いテーブルに座って本について話した。

「ほら、これです」と持ちだしてきた本、確かにMIZUMURA——Una Novela Realと書いてある。まさに、水村美苗の『本格小説』だ。

「もうスペイン語に訳されていたのね！　すごーい。私ね、あややちゃんが日本から一番持ってきてほしいのは本だっていうから、この本も持ってきたのよ。近年読んだモノの中では断トツに面白かった。何冊か買って、『読んで、読んで』って友だちに勧めたぐらい」。

「僕も同じことしてたんですよ！」

「あとね、面白かったのは『1Q84』っていう本、村上春樹の」。

「それも読みましたよ」。

「エッ、もうスペイン語に訳されてるの？！」

「ええ、一巻と二巻はね。三巻はまだなんで楽しみにしてるんです」。

アキコはすっかり嬉しくなった。日本から遠く離れたこの地で、窓辺に置いてある大きなポインセチアの木の赤い花びらが枯れかけて白い床に飛び散っているこの部屋で、水村や村上春樹を夢中になって読んでいるこの人がいる。アキコはなぜかとても感動していた。

その夜、変な時間に目が覚めて、光たちのことを思った。繊細で複雑な生き方をしてきた人だからこそ、その結婚と離婚について語ってもらえれば、一筋縄ではいかない人生の機微と深みに触れる話が紡ぎ出せるに違いない。それこそアキコが求めているものだ。スマートな脇役であるより、多少汚れてもドラマの主役になってほしい。もう一度会って、別れた妻や娘に寄せる思いを語ってもらえないか。せっかくこんなに遠くまで来たのだから。朝になったら電話をして、頼んでみよう。

夜が明けて白々とした明るい光の下で考えると、やはりそんなことはしない方がいい。家族でさえ立ち入らないところに、他人が乗りこんで行ってはいけないという理性が戻っていた。これを理性と呼んでいいのかどうか分からない。夜の暗闇の中で考えることの方が、日中、太陽の光の下で考えることほど「まとも」ではなくても、真実に近いように思うからだ。でも、今回はもうこれ以上「真実」は追及しないことにしよう。時には分からないままで終わる物語があってもいい。多分それが人生なのだろうから。

第十三章　日本から来た嫁

素の活躍——最大の資産は人脈・ネットワーク

二度の結婚と二度の離婚、しかも一人はアルゼンチン人で、もう一人は日本から勉強に来た若い日本人女性。そのうちの一人からは今はもう成人した息子と、もう一人からは十三歳も年の離れた娘を授かり、二人とも父親として深く愛する。母からはどんな話でも急かさず聞いてくれる優しい息子だと感謝され、社会の中にあっては企業人として多忙な任に当たっている。息抜きはゴルフ、ギターや絵画。本も好きで、普通ビジネスマンがあまり読まないような癖のある内容の濃い小説が好き。光はこのように多面的な顔を持ち、これからのことも予測しがたい。まだまだあと十年は、中学生になったばかりの娘の現役父親としても手いっぱいだろう。

そんな光とくらべると、兄の素にはあまり迷うことなくまっすぐ進んで成功してきた者の持つ自信と落ち着きがうかがえる。素の家は、市中心部に近い古くからの高級住宅地にあった。動物園や植物園のあるパレルモ公園の近くだ。ワン・フロアー全部を占めている立派なアパートなので、エレベーターの外ドアの鍵を開けて降りたところが、もうそのまま彼らの家の玄関ホールになっている。和風の小物で小奇麗に飾ったホールに、シーズーの愛犬モモを抱いた康子が出迎えてくれた。この家には十三年前に移ってきた

素の50歳を祝って開いた大パーティー

という。

広いリビングのソファに腰をおろして、まずビデオを一本見せてもらった。四年前、素が五十歳になった時に開いた大パーティのために作ったもので、生い立ちから学校時代、そして社会人になってからの活動や家族との生活を十分ぐらいに短くまとめている。

ジョン・レノンの'Imagine'やIZの'Over the Rainbow'などの音楽をバックに、原のお祖父さんやお祖母さん、恵子さんと修さんの結婚写真、幼いころの姉妹兄弟の可愛い姿、まだ元気なころの修お父さん、アキコもよく知る時代の写真が次々と登場。その後は、学校時代、大学時代、日本への研修旅行、康子さんとの結婚や子供たちとの日々、楽しげな世界旅行など良き夫、良きパパぶりがうかがえる写真、そして近年の彼の社会的活躍を示す映像が続いた。大会で演説するシーン、著名な学者や政府要人との談笑シーン、先住民の村でNGO活動をする彼、「日系人、ACTA会長に就任」といった新聞や雑誌の記事の数々も紹介されていた。「アルゼンチンの次期農業大臣」と目されること、さもありなん。最後は女性歌手メルセデス・ソーサが美しく情感たっぷりに歌い上げる'Gracias a la Vida'（人生よ、いのちよ、有難う）が流れ、画面には'Gracias a Ustedes'（みなさん、有難う）という言葉が浮かび上がって終わった。仕合せな充実した人生を歩んできたことがうかがえる。

素には学生時代から一つ大きく変化した点があった。当時の左派系運動は、アメリカからの独立、アメリカから自国を切り離して自由にするということが中心になっていた。そこには「国は独立していればいるほど強い」という思想があった。しかし、九〇年代になってアップル社のスティーブ・ジョブスが唱えだした「ネットでつながる世界」という考えに感動し、これまでの既成概念が大きく揺れた。新しい技術を使ったネットの世界では、国の独立など意味がなくなる。これからは、個別に独立を試みるより、関係を結ぶことで強くなるのだと。

「ジョブスが言ってるでしょう、点を結んでいくこと（Connecting Dots）が重要なんだと。空間的にも時間的にも。一つの段階のおかげで、次の段階がある。僕の最初の点《ドット》は、父の死です。これは悲しいドットです。次のドットは高校時代、軍事政権で友人が次々と行方不明になっていったこと。どうしても世界をもっと公正なところにしなければと思いました。三番目のドットは日本研修です。あの一年で、他国を締め出して独立一辺倒で進む必要はない。それよりも、世界各地を点で結んでいくことが大事なんだという認識が確立しました。また康子と知り合って家族を持つという大きな変化もありました。四番目のドットは、十一年前、二〇〇一年のアルゼンチンの経済危機です。実に国民の六十パーセントが貧困階層に落ちこんだ。あの時にＣＳＲ（Corporate Social Responsibility）活動を始めたんです。企業による片手間の社会貢献じゃなく、もっと全面的な運動としてのＣＳＲです」。

「農村の貧困家庭の子供たちに焦点を当てました。人間はお母さんのお腹にいる九カ月と生まれてからの二年間で脳の出来が決まる。この時期にきちんとした食事と愛情を受けなければ、脳は永久にダメージを受けてしまう。それから教育と知識。これらをちゃんと与えることで、スタート・ラインを公平にする。これが僕のキャンペーンの中心で、そのため政治会合に出席したり、明日も厚生大臣と会うことになっています」。

「ビデオに出ていたＡＣＴＡって何ですか。その関係の写真や新聞記事がずいぶん出てましたよね」。

「あれはAsociacion Chemicales y Technologia Agricultura『農業技術薬品協会』という組織の略です。農業関係の機械、技術、種、農薬、肥料、家畜の薬なんかを扱っている約二百社の代表機関で、政府にロビー活動をします」。

「その会長をされている。これってアルゼンチンのような農業国では、強力な力を持ったポジションじゃないですか」。

「そうです。このポジションを初めて日系人の僕が占めたというので、話題になったんです。僕はね、どうしたら国民が発展できるかというと、競争力を持つこと、特にこの国の場合、農業に投資して付加価値のある農業をおこなうことによってだと思っています。百ペソのものを千ペソで売れるようにしなければならない」。

「この国の将来に絶望している人もいるようですけれど。ビジョンもプロジェクトも持たない政治家による失政が続き、もうブラジルにもすっかり追い越されてしまったと……」

「誰のせいでこうなったのか、責任を問うのは止めようって僕は言いたいんです。過去のことではなく、これからのことに焦点を当てて、どうすれば農業を今まで以上に競争力のあるものにできるか、それを考え、最善の策を実施していこう、と。そのためには新しい技術、たとえばバイオテクノロジーなども採り入れるよう大学にも働きかけています。実際に、ブエノス・アイレス大学とハーバードとボローニャ大学との間でバイオテク分野での連携が出来つつあるし、僕自身アルゼンチンのバイオテク会社の役員もしています」。

自分が持つ最大の資本はネットワークだという素、農業大臣や科学技術担当大臣とも親しい。

「素さん自身、農業大臣の候補に挙がっていると聞きましたけれど」。

「ああ、それは十一月の選挙でクリスティーナ政権が再選されて、可能性は当面なくなりました。野党側が勝っていたらそういう話もありましたが。ただいずれの側であれ、アルゼンチンの政治には汚職など問題が多くて、大変です。僕はこれから六年間、ＣＳＲの分野で、民間レベルでやっていきたいことが山ほどありますから」。

康子の頑張り――つらくて、さみしくて、恋しくて……

横に座ってずっと聞いていた康子に質問を向けた。

「この結婚にご両親はずいぶん反対されたようですね」。

「二十六年前、そう、両親は大反対でしたし、今から考えると、私も二十四歳の小娘だったから来られたんだと思います。ただひたすら、彼と一緒にいたいと思い詰めて。でも来てみると言葉は通じない、国際電話もないに等しい。つらくて、さみしくて、日本が恋しくて、皆に会いたくて……親にはもちろんそんなこと言わないで、いいことばかり書いていましたけれど。母は分かっていたみたいです。

こちらに来たのは八五年。原家の人たちがいなければ、どうなっていたことか。週に一度は、あやちゃんが三人の子供を連れて来てくれましたし、涼ちゃんのところに泊まりに行かせてもらったりもしました。でも、息子が生まれる前、こっちに来てから一年ほどたった時、一度帰りました。もうどうにもならない、頭がおかしくなりそうという感じで。親も友達も受け入れてくれました。友達がすぐに遊びに行くからと約束してくれて、私も自分の家族を守らなきゃという気になって、またブエノスに戻ってきました。後ろ髪をひかれる思いで、泣く泣く飛行機に乗って……」

アキコには康子の話が痛いほど分かった。その時彼女には言わなかったが、アキコも遠い昔、恋人を追って日本を離れ、その後十数年海外と日本の間を行き来する生活をしていた時、まったく同じ思いだった。恋の段階ではこの人と一緒でさえあれば、世界中どこに行ってもいいと思う。だから飛び出していく。が、二人の関係が恋から日常生活に移っていくにつれ、人生は二人だけで満ち足りるものではなく、社会関係が中心になることに否応なく気づいていく。その時、捨ててきたはずの慣れ親しんだ風景、時にはあれほど鬱陶《うっとう》しく思えた社会がたまらなく懐かしく恋しくなっていくのだ。恋は「異郷」の状態に近ければ近いほど輝きを増すが、生活は「故郷」の状態に近いほど快適に流れていく。

日本への往路は嬉しくてたまらない、でも復路は悲しみでいっぱい。日本を離れていく飛行機の中で「私はなんでこんなにつらい生き方をしているんだろう」と涙をこらえていた。連れ合いと別れて日本に戻ることは考えられもしなかったが、これからずっと日本から離れたところで生きていくのだと思うと、殺伐たる思いだった。

「その後友達が二人本当に来てくれ、息子が生まれて、少しずつ落ち着いていきました。両親や従妹、叔母もブエノスに来てくれ、本当に嬉しかった！　子供が出来てからは二年に一度子供を連れて帰るようになって、老いていく両親を見ていると親に対する考え方も変わっていきました。父は息子が生

左から、トミー、ナティ、素、康子

まれた時とても喜んで、やっと結婚を認めてくれました。その息子トミーが二十四歳の今、こちらを出て向こうに行っている、私が出てきた国にいる。なんだか不思議な気がしますね」。

トミーは現在、東京の六本木ヒルズにある国際的なIT企業で働いている。素と康子はこれまで子供たちの教育を最優先してきた。彼らにはグローバルな国際人になってもらいたいと願い、幼稚園から高校までイギリス系のバイリンガル校に通わせた。大学は二人とも有名私立大学の経営学部に入り、在学中トミーは慶応大学に留学、そこでの彼の大変な努力とグローバル人材性が評価され、現在の職につながった。いいポジションで、もうアルゼンチンに戻ってくることはないだろうという。

「東京は物価が高いから大変だとピーピー言ってますけど、楽しそうに働いていています」。

「じゃあ時々宝塚のご両親のところも訪ねてくださ

るのね？」

「それがあまり行ってくれてないみたい。往復運賃の二万円は厳しいんだよ、なんて」。

娘のナティは十八歳になった。十五歳ぐらいまでは、「日本に行くのは大好き、でも私はアルゼンチン人」と言い切っていたのが、この二〜三年日本にとても興味を持つようになり、日本留学を目標に日本語の勉強も本気ではじめた。「何だか日本が近くなってきて」と康子は嬉しそう。

今度は僕の番、日本で暮らしてもいいよ

「いや、実はね、六十歳になって引退したら、日本で暮らしてもいいね、なんて言ってるんです。医療だって日本の方がいいし、僕は日本ではいくらでも仕事がある。まあ、『お互いさま』っていう気持ちかな。康子は最初のころ、本当に大変だったと思うんです。アパートは狭いし、暗いし、電話もない。火曜日から金曜日まで、僕は出張でほとんどいない。でも、それを必死で耐えてくれた。だから日本に行くのは、当たり前のお返しです。今度は僕の番。いや、それは僕にとって苦痛じゃありませんよ、日本は好きですし」。

と素。こういう思いやりが感じられたからこそ、康子も頑張れたのだろう。

「それに僕は世界中どこに行っても住めるという自信があるんです。でもそれは、帰れるところが

康子

あるから言ってられることで、帰れないとなれば、考え方は違ってくるかもしれませんね」。

「ずっと夢だったんです。いつか家族そろって、一カ月でもいいから日本で過ごせたらって。ごく普通の日常生活を送れたらって」と康子。「二〜三年前までそれはまるで夢みたいなことで、『ひょっとしたら?!』という程度のものでしかなかったのに、今ではそれを現実的に考えて、そのための計画すら口にするようになっている。すごく嬉しいです。

私はこの国が嫌いというのではないですよ。とんでもない。この国で得たものは本当に素晴らしい。でも、日本が恋しいという思いは、どんなに年月を経ても消え去らない。まるで粉雪のように静かに積り続け、二十六年たった今も薄れない。これからもずっとそうでしょう。どんなにアルゼンチンが好きになっても、日本は切ないほど恋しい……」

なんて素直な人なんだろう、康子の話を聞きながらアキコは感動していた。これこそひょっとしたら恵子さんから聞けるのではないかと考えていた言葉だった。ふるさとに対する抑えようのない望郷の念。恵子の口からはついに出ることのなかったそんな思いが、彼女の息子の嫁からこのような言葉で聞けるとは！　恵子とのインタビューで最後に交わされたやりとりについて、アキコはその一語、一語を思い出しながら康子に伝えた。

――日本に帰りたい、住みたいと思ったことはありませんか。

「ないです」。

――恵子さんは自分をなに人だと思っていますか。

「日本人」。

――こんなに長く日本に住んでいなくても、日本人？

「そう、アルゼンチン人だと思ったことはないです」。

――恵子さんにとって「ふるさと」はどこですか。

「日本」。

――そのふるさとに住んでいないことが、哀しくありませんか。

「……ここが、私のいるところ。ここに、Mi Familia がいるんだから」。

「ここが私の居場所」

ここに、私の家族がいるんだから……

「恵子さんはね、ふるさとは日本、でも居場所はここ、とおっしゃるの。今回こちらに来て私が得た最大の収穫は、人はふるさとのほかに『居場所』というものを持っているという考え。ふるさととは与えられたもので、風土だとか空気、山並み、里の秋など静的なもの。その中で生活を営んでいく容れモノにすぎない。その容れモノを人とのつながりや活動で充たしていって、初めてそこは『懐かしいふるさと』という以上のものになって、居場所になる。外国にいてふるさとという容れモノがないところでも、その『場』を家族や友人や教会やコミュニティ活動や仕事などで充たしていくと、そこに『居場所』ができていく。そうなれば、人はもう取り立てて『ふるさと』を必要としなくなるんじゃないか。こちらに来て恵子さんが歩んでこられた道を見て、そう思うようになったの」。

「私はまだその過程の途中にあるのかもしれませんね」と康子。

そうなのだ。原家という一つの家族の上に流れた時間を追ってたどり着いた地点には、ある家族の固有史を越えた、一つの普遍性ある小さな標識が立っていた。人には「ふるさと」以外に「居場所」という道があり得るという。「帰る」以外に、「作る」という道があるという。

ふるさとと居場所が同域にある人は幸運である。すでに容れモノがあるところに、中身を入れていけばいいだけなのだから。でも自ら選んだ行為ゆえに、または自分以外の大きな力ゆえに、容れモノを失ってしまう人がいる。恵子や康子やバンビやアキコのように、人生の一時点で外国に行くという選択をすることにより、また今回の津波や原発事故のように自らかかわり知らぬ大災害により、ふるさとではないところで生活していかなければならない人がいる。今後グローバル化の進展や自然災害の激化、紛争や人為的環境劣化など人的災害の拡大と共に、そういう人たちはますます増えていくだろう。

しかし、ふるさとを失っても居場所は作れる。そして居場所はその能動性ゆえに、ふるさと以上に強力な存在拠点になれるかもしれない。ふるさとにばかり思いを馳せるのではなく、新しい居場所を作ることに気持ちを向けていければ、どんなにいいだろう。そのことがもっと若い頃に私にも分かっていれば……。アメリカや他国に移住していったイタリア系やアイルランド系の人たちは、そうやって逞しく新しい地に根を張っていったのだろう。

終章 「居場所」と「ふるさと」

恵子の遺産

帰国の途につく二日前、アキコはインタビューをさせてもらった皆さんを招待して、中華料理店で打ち上げをした。恵子さんをはじめ、あやとホルへ、涼とボウヤ、素と康子、彼らの子供たちと婚約者ら六人、そして家族同様の付き合いをしている友人夫妻の計十六人が集まってくれた。光は出張中だった。

ヒロとマサと呼ばれる高野博昭・正子夫妻は南米の音楽や舞踊が大好きだ。ヒロは新聞記者としてアルゼンチン・タンゴの取材に来たのをきっかけに、マサはタンゴダンスの勉強に通ううちにヒロと知り合って、二〇〇四年、ヒロの退職を待ってブエノスに移り住んだ。気楽な「退職後の長期滞在型」海外生活で、ゴルフ三昧のかわりに文化三昧だ。二人はあやの親友で、原家の「三男」、「三女」を自認する。

あやがみんなの日程調整をおこない、特別メニューや席次まで決めてくれた。丸い大テーブルを二つくっつけたこちら側は日本語で話せる大人世代、向こう側は日本語が話せない、または話すのが負担な子供（孫）世代が座った。アキコの左には涼ちゃん、右には恵子さん、そのさらに右には康子さんといった調子だ。新しいお料理がテーブルに運ばれてくるたびに康子は恵子の取り皿に入れて、さりげなく気を配っている。康子はこう語る。

「お義母さんと私、姑と長男の嫁。なんだかいろいろ取沙汰される間柄ですが、本当に私にとってお義母さんは、お義母さんというよりお母さんでした。二十四歳という若さでこちらに来て何もできない私を、優しく自分の娘のように接してくださった。原家の嫁としても子供の教育や宗教に関しても、いっさい強制はありませんでした。私の考えをいつも尊重し、一人の母親として妻として見ていただいたことはとても感謝しています……この人が私の姑で本当に良かったと。日本人女性としての誇り、母親としての強さ、日常生活の大切さ。私も息子の嫁がもうすぐ来てもおかしくない歳になりました。私が嫁として感じたことやお義母さんの姑としての姿を忘れず、心に大切にしまっておきたいと思います」。

向こうのテーブルでは孫世代が何やら大いに盛り上がっている。ディズニーの最近のアニメに出てくる生き物が「ザリガニ」なのか「エビ」なのか、たわいもないことで大議論をしているらしい。ネットで調べて「カニ」派の勝利が判明、ワーッと歓声が上がる。

楽しそうに笑い転げている彼らを見ていると、感慨深い。六十二年前日本からやってきた一人の女性、喜びだけでなく、多くの苦労、悲しみ、我慢が強いられたことだろう。その女性から、これだけのものが生み出されてきたのだ。まさに「一粒の麦地に落ちて死なば多くの実を結ぶべし」だった。出発の日、母倭子から渡された手紙の最後に書かれていた祈りの通り、一粒の麦から、これだけ豊かな実りが産み出されていったのだ。

50年前の恵子と子どもたち

子どもたちと恵子

子供四人とその伴侶たち、孫九人と彼らの恋人たち、そして家族のように「お母ちゃん」と慕う子供たちの友人。子供たちは宝でしたね。それぞれ性格が違い、だからこそ補完し合って支えてきてくれた。気持ちが優しく、いつも思いやりを見せてくれる子、実務的なことによい助言をしてくれる子、旅行や休暇に連れていってくれる子、日々の生活面で身近なところからテキパキ支えてくれる子、健康管理を一手に引き受けてくれる子、しっかりしていて頼りになる子、気長に話を聞いてくれる子。一人ひとりを知れば知るほど、アキコは恵子がここを「居場所」とし、ここに留まることを選ぶのは当然、それ以外の選択などあり得ないと納得がいくようになった。

子供がいるというのは、やはりすごいことですね。この地で生まれてしっかり根を降ろし、広げ、どんどん成長していく命《いのち》がまわりに溢れているということ、そしてその子たちが大人になり、さらに次の世代を生み出してくれる。そういう命の賑やかなつながりのあるところで生きていくうちに、単に「居る場所」にすぎないところが、精神的にも愛着の持てる「居場所」になっていく……。

恵子さんは言う。

「アルゼンチンに来て住むようになって、何と六十一年！　その間十二回日本に帰ったが、これからはもう日本に行くこともないだろう。むしろこの広いアルゼンチンを健康が許す限りあちこち旅行して楽しみたい。南の氷河地帯にももう一度行きたいし……」

去年、恵子の誕生日のお祝いに四人の子供たちが揃って時間の都合をつけて、氷河地帯に連れて行ってくれた。ホテルの窓から氷河の上にこうこうと光り輝く月を見て、この世のものとは思えぬその神々しさに、自分が生まれた夜に父元七郎が書いていた日記の一節を思い出した。

「……赤ん坊の初声を上げた時珍しくも美しい月が輝いてゐた。この赤ん坊の一生を照り輝かすの如くに」。

恵子はそっと父につぶやいた。「お父さん、これが私の一生でした」。

「それに」と恵子は言う。「早く曾孫を腕に抱きたい。日本？　日本は、懐かしいところ……」

アキコはかつてオーストラリアと日本の間を頻繁に往復していたころの自分を思い出していた。日本での休暇を終えオーストラリアに戻ってきて、まず感じるのは所在なさだった。日本は自分を包みこんでくれる存在の懐。それが感じられない外国では、自分が「在る」ことの意味付けが常に要求され、仕事や遊びで日々を埋めていくのに必死だった。だから外国暮らしは心が疲れるのかもしれない。

でも、もしそこオーストラリアで迷っている余裕などなく子供を次々と産み、大きな家族を作っていたらどうだっただろう。暇な時間などなく、押し寄せる日常生活の要求に対応し、そこを故郷として生きる子供たちを通して自分も否応なくその地に踏ん張って立ち、年月と共に「そこの人」になれたかもしれない。いろいろな理由で単にいま物理的に「居る場所」にすぎないオーストラリアを、愛着の持てる「居場所」へと作り変えていくことができ、そうなれば情緒的な「ふるさと」日本に帰ってくることはしなかったかもしれない。

「問題は、私たちが『共働きで子供なし』DINKSの生活を長く続けていたことにあった」とアキコは今になって思った。確かに気楽で自由で快適だ。しかしどこか暫定的で空しい。そういえば、「自由」と「空《から》」はよく似ているとどこかで読んだ。「自由」とは「縛られないこと、閉じ込められないこと」で、「空」とは「保有しているものや囲んでいるものがない状態のこと」だと。

「思い出してみてよ」とアキコは自分につぶやいていた。羽仁もと子が『婦人之友』を創刊した頃のことを。あの貧乏の中で雑誌を立ち上げ同時に結婚もして、結婚したからには子供が生まれてくるのは当然で、子供を作ろうか作るまいかと迷うこともない。生まれてきた赤ん坊を背中に括り付けて夫も巻きこんで、二人でてんてこ舞いをして雑誌も子育ても切り抜けていく。あの逞しさが私たちにあるか？ 子供を持つなら物質的にも精神的にも最高の環境を整えて、まるで王子様かお姫様をお育てするかのように神経を使い、出産にも育児にも意気地がない。

そもそも子供を持たないという選択肢があることが今の女たちをひ弱にし、結婚しないという選択肢があることが、本来迷うはずのないことまで迷う不幸をもたらしている。六〇年代に青春を生きた私の世代は、少なくとも結婚に関しては、結婚しなければセックスもないという時代だったから、まだそれほど迷わずにすんだ。それが今は……可哀そうな私たち。結婚しなくても、家族を作らなくても生きていける世の中になってしまって……。

アキコは暴走しはじめていた。

百年の旅路

「アキコ小母様」と横で呼ぶ涼の声でアキコは我に返った。「本の題、『百年の旅路』というのはどうでしょうか」。

アキコはゆっくり頷きながら涼を見つめた。「百年の……」は、じつはアキコ自身も考えていた題の一つだった。が、ちょっと古風でインパクトがないような気もしていたのだ。

涼は南米コロンビアのノーベル文学賞作家ガルシア＝マルケスの『百年の孤独』が、若い頃アキコに衝撃を与えた愛読書だったことを知っていた。南米の密林を切り開いて作った架空の村を舞台に、開拓者一族の年代記を五世代、百年にわたって紡ぎ出した奇想天外で強烈な物語だ。

同時に原家の一代目利吉がブエノスに来てから、そろそろ百年という事実があった。百年前のアルゼンチンとはどんなところだったのだろう。ホルへが熱く語ってくれた。

「一九二〇年代、アルゼンチンは飛行機を国内生産していたんだよ。それが今ではブラジルが飛行機を作り、アルゼンチンはブラジルから買っている。百年前、アルゼンチンはブラジルより何でもずっと進んでいた。天然ガスも石油も水も電力も自給率が高く、工業化は進み、一九一〇年頃には世界で七番目の経済大国になっていたんだ。政治が良かったからだ。そんなアルゼンチンに、第一次大戦を嫌気したヨーロッパからスペイン人やイタリア人やユダヤ人、ポーランド人ら教育も教養もある人たちがどんどん移住してきた。一年間で移民人口が十倍も増えた年もあった。このまま行けばアメリカと対等になると考えられていた。そんな時代のアルゼンチンを誇りに思うよ。だからこそ今の落ちぶれた体たらくがつらい」。

先見の明がある利吉曾お祖父さんが来たのは、そんな時代のアルゼンチンだったのだ。ヨーロッパから移ってきた文化人たちの間で東洋ブームがおこり、日本や中国の家具や工芸品への需要が高まり、利吉が作った原商会はその波に乗って発展した。市内に大きな店を構え、別の場所には石造りの住宅を構えた。その曾孫が今や全員五十代になり、そろそろ玄孫たちが活躍する時代になろうとしている。

あやは数年前、その家に行ってみた。建物はそのままあったが、個人の住宅ではなくプチ・ホテルになっていた。懐かしくて、わけを話して中に入れてもらった。よいホテルなら、一度姉弟で何かの記念日に泊まってもいいと思ったのだ。カズがいつも磨き立てていた真鍮のドア・ノブや手すりの付いた大理石の玄関は変わっていなかった。パティオのステンド・グラスもそのままだった。でも他は大幅に改装され、何となくいかがわしい雰囲気があって、二度と足を運んでいない。店舗の方は韓国系人が経営する大きなスーパーになっていた。世界的な時代の流れは、ここにも確実に押し寄せてきていた。

家族と孤族

帰国の前日、アキコとあやはやっと時間が取れ、康子お勧めのレストランで遅い昼食をゆっくりとった。Ultimo Besso（最後の接吻）というこの店は旧い個人の屋敷を改装したような店で、中は完全にレトロ風。彫像や小さな噴水のある緑の中庭に面したテーブルに案内された。客は二人だけ、お料理は高かったが絶品だった。

アキコとあやには十歳の年齢差がある。でも、重要な共通点があるようにお互い感じていた。二人ともどちらかというと旧式あるいは原始的な人間で、科学技術で人間をオールマイティな存在に近づけていく現代文明には懐疑的だ。一九六九年大晦日の夜、恒例の『今年の反省文』の中で、十六歳のあやは「人間は小さなロケットに人を三人もぎゅうぎゅうつめこんで、月に着陸させてよろこんでいました。人のしんぞうをほかの人にくっつけたり、いやはやおそろしい時代がきたもので、はやくくたばったほうが幸せかもしれません」と書いている。アポロの月面着陸や臨床例の増える心臓移植手術などを結構批判的に見ているのだ。そして今、細胞技術で新しい臓器を作ったり生殖医療で子供を作り出したりする可能性が見えてきた世界で、二人はもっと自然な生と死、あるいは致し方ない「無」のある世界を受け入れる謙虚さと強さを学んだ方がいいと考えている。

そんなことが言えるのは、二人とも不妊症や不育症で苦しんだことがなく、娘たちにもなかったからかもしれない。幼くして難病と闘っている子や障害を持った子が家にはいなかったからかもしれない。確かにもっとよい抗がん剤ができていれば、修お父さんも若くして死ななくて済んだかもしれない。お葬式を終えた後、夢の中でもいいからお父さんに会いたいと眠ってばかりいたら、三日目本当に夢に現れて、「あやちゃん、もういいよ」と言ってくれたという、あやの切ない思い出。文学はこんな体験から生まれてくるのだと思う。人間であることにつきものの運と不運、喜びと悲しみを中和化してしまわず、抱きしめて生きていく力が欲しいと願っているのだ。

アキコとあや。レストラン「最後の接吻」で、2012 年

また、文明とはこれまであったものが消え、代わりに新しいものがその場を占めていく現象の産物だという。しかし新しく生まれてきた産物は、以前より人生を豊かにしてくれるとは限らない。

アキコには、一つ切ないほど大切な学生時代の思い出がある。デートを約束していた人とどこで行き違ったのか約束の場所で会えず、一時間も待ったあげく下宿に戻って、大泣きをした日のことだ。携帯があったら、確かにお互いの居場所がすぐ確認できただろう。でも、人を待つという心の在りようをあれほど痛切に体験したことはない。あれほど集中して、一時間、一人の人を思ったことは後にも先にもない。携帯は人のそんな心の体験を奪ってしまう。

技術のすべてを否定するわけではない。アキコは電車に乗れば飛行機にさえ乗る。電気も電話も使わせてもらっている。アーミッシュの人のように徹底して技術を否定する力はなく、もっと中途半端だ。アキコが不毛だと感じるのは、人間の知力をスマフォのアプリなど別になくても困らないものや、高度兵器などあっては困るものの技術革新に費やすことだ。そんなものにしのぎを削って競争するのではなく、今の世界で本当に必要なことのための技術革新に、全力を投じて競争してもらいたいと思うのだ。

また、あやもアキコも、一人で自由に何にも縛られず気楽に生きていきたいとは思っていない。愛し大切に思う者がいるがゆえに心配もし、自由にならないことも出てくる。たとえば家族、それは拠り所であると同時に束縛でもある。「結婚などしない。一人でいる方が好きなだけ仕事もできるし責任もなくて、よっぽど気楽」という選択肢も確かにある。しかし、うっとうしい、わずらわしいというものをすべて剥いで捨てていったら、結局は玉ねぎの芯と同じで何も残らない。生きることの多面的豊かさを知ることのない、「コンビニ的生き方」、「ワンルーム的人生」につながりかねない。

今の日本についてあやや真弓にとって理解しがたいのは、家族の行事が少なくなり、やってもホテルなどに外注される傾向が強いこと。誕生日を祝うのに恋人と二人だけで高級店でディナーなどアルゼンチンではあり得ない。まるで自分一人で生まれてきたみたいじゃないか。母の日、父の日、各自の誕生日、クリスマス、新年など誰かの家に一族が集まって、持ち寄りの御馳走に舌鼓を打ちながら、それぞれお気に入りの場所に陣取って会話や笑いに興じる。

そんなことができる時間とスペースのあるこちらの中流家庭は、結局日本の家庭よりずっと恵まれているのだ。アルゼンチンといえば日本よりランクが低い中進国と思われがちだが、なんのこの国は、日本など及びもつかない豊かでまともな国なのかもしれない。家族はまだまだ健全で強力。それも子供たちの友人amigoまで迎え入れる大家族的つながりを保ち、「孤族」の社会とはほど遠い。

アキコは東京にいる娘たちに思いを馳せた。若い夫婦と三人の元気な子供たち、賑やかな日々。確かにうるさいこともある。泣き声や怒鳴り声が聞こえてくる時もある。でもそれは、もっと頻繁に聞こえてくる笑い声や嬉しげな歓声の代償である。

あやは言う。

「日本は大好き。でも『日本に行きます』という感覚で、『日本に帰ります』とは言いません。私が一人だったら仕事関係の伝手もあり親戚もいる、スペイン語を活かして十分生活ができると思います。でも主人や子供達を連れて日本に行って生活することは思ったこともありません。その必要もなかったし、彼らはアルゼンチンで生まれ育った人達ですから。父が亡くなった時、日本の親族からは子供たちと帰ってこないかという話もあったそうですが、母はブエノス生まれの四人の子供たちや義理の祖父母のことを考えて、原家に留まりました。私が仕事の長い旅の果てにようやくたどり着く港もここです。母ですら日本で老後を過ごしたいという気持ちはありません。母はこのブエノスで私達と孫達に囲まれて過ごせる日々に満足しています。」

借りたアパートでひたすら原稿を書いた——アキコ、2012 年

グローバル化時代の故郷と異郷

翌土曜日、アキコはみんなに見送られてエセイサ空港から日本へと飛び立った。何という三週間だったろう！　予想もしていなかったことをいくつも体験した。

その一つが、何十年ぶりかの激しい違和感と孤独の体験だった。三十数年前、外国生活をやめて日本に戻ってきてから、アキコは身の丈に合った快適な住環境でちんまりと暮らしてきた。最初は親の家で、後には自分のマンションや一戸建ての家で、小さいながらも自分で選んだ家具や絵や本に囲まれて暮らしてきた。通訳者として仕事の範囲が広がり、海外出張も増えてアフリカや中東、中南米にも何度か行ったが、異質なものの中に身を置くことはなかった。いつも多国籍資本のホテルに泊まり、ホテルと国際会議場の間を車で往復し、日本から一緒に来た通訳仲間と仕事をし、評判のレストランで食事をする。親しい友人や快適な生活空間や慣れ親しんだ職業環境をそのまま引っさげての外国で、違和感や孤独にさいなまれることなど皆無だった。

しかし、ここブエノスでの日々は、異国での異質な生活そのものだった。絶えず原家の人たちと連絡を取り、彼らの家を訪ね細やかな配慮を受けながらも、彼らと別れて生活の場である1LDKのアパートに戻ると、そこは久しく味わったことのない違和感のある空間だった。一カ月約千ドル（八万円）で借りた家具付きアパートは古く、寄せ木張りの床は少し剥がれている箇所もあり、壁や窓枠は何度も雑にペンキを塗り替えた跡があった。リビングの窓の外は高い壁で、眺望はゼロ。木も花も見えない。置かれた家具はいかにも安物でちぐはぐな寄せ集め。全体に雑然とした殺風景な住環境で、とても寛げるところではなかった。テレビすらアキコが解しないスペイン語しか入らない。

もう少し居心地のいいところを探しましょうとあやは言ってくれたが、アキコはもうこのままでいいと答えた。アパートに帰ってきたら、その日のインタビューのメモを見ながらパソコンに原稿を打ちこんでいくという作業がある。何も気を惹くものがないのなら、その作業にいっそう集中して励めばいいのだ。人やモノや心地よい環境に甘えず、最低限のものしかない空間で足を踏ん張って頑張ってみる。そんな機会なんて、この歳になるとめったにないのだから。

そして実際結果的には、この孤独は近年アキコに起こったことのうち最もよいことの一つになった。黒人居住者の多い北米都会の穴倉のような部屋で、あるいは南米の最果ての南の町で、異邦人のように孤独と向き合ってストイックに生きていた若いころの感覚を少し取り戻し、慣れ親しんだ快適な環境の中にいたら決して持てなかっただろう視点で、ものを感じることができた。東京にいると、当たり前の日常性がベールになって目も感覚も思考も鈍り曇ってしまう。外国という異質で緊張の強いられる孤独な環境にいればいるほど心がひりひりして、純粋で透明な精神体験をしているという実感があった。

もう一つ、予期せぬ収穫があった。父親の転勤でアキコが初めてこの地を踏んだのは十二歳の時だった。

この年代の少女にとって、たぶん一番大事な同世代の友だちとのおしゃべりや付き合いができなくなったのが、彼女には何よりもつらかった。大人になりつつある体や心の微妙な動き、戸惑い、憧れについて話すには彼女の英語は十分ではなかったし、スペイン語はゼロだった。確かに姉たちはいた。しかし、彼女は家族から距離を置いて自分の世界を欲する年齢になっていた。そんな彼女には庭師付きで父が借り上げた広い立派な屋敷での生活は、孤独以外の何ものでもなかった。

だからブエノス・アイレスといえば、これまでずっと「寂しく悲しい日々を過ごした地」という思いがまず第一に来て、それが彼女の「南米アレルギー」、ひいては「外国アレルギー」へとつながっていった。しかし今回の旅で原家の人びとを知り、彼らがこの地を愛し、お互いを愛し支え合って暮らしてきたのを見て、彼女までずいぶん心が癒されたのだ。

今、アキコの手元に、一九五五年、あの屋敷の広い庭の巨大なモミの木の下でお茶会をしている古い写真が何枚かある。きちんと帽子をかぶり上品な笑みを浮かべて座っておられる原のお祖母様カズ、はっきりした顔立ちの美少女あやちゃんは三歳ぐらい、妹の涼ちゃんはまだ六カ月ぐらいでバシネットの中だ。そして、もちろん若きママ恵子さんもいる。一緒に写っているこの人たち、いや、一族と、いつかこんなに深く付き合うようになるとは、あのときお互い思いもしなかっただろう。それも、五十年以上にわたる時間的空白と一万キロという地理的空間を飛び越えて、不思議な力に押し流されるように、再びこういう形で合流していくとは。すべては、あのときからもう、そう計画されていたのかもしれない。

恵子はなぜブエノスに行ったのか、修はなぜ？　という当初のテーマに納得のいく答えが出せたわけで

左からあや、恵子、著者アキコの母、右３人は篠田家の３姉妹（右端がアキコ）。ブエノス・アイレスの篠田家の庭で

はない。その代わり物語は思ってもいなかった展開を見せ、「恵子」の枠を越えてどんどんと膨らみ、恵子が生み出した子供たちやその孫たちをも走馬灯のように巻きこんで、一大家族のいくつもの愛の物語へと育っていった。その中から、「恵子はなぜ日本に戻らずここに留まっているのか」という問いへの答えが、おのずと生まれてきた。ここには、家族がいるからだ。家族、それは居場所であり、ふるさとに代わるものである。故郷から遠く離れた外国に住む者には、特に、家族が必要だ。アキコは強くそう感じていた。

「グローバル化の進展」のおかげか、確かに外国に行くのはいとも簡単になった。そして人びとはどんどんと気軽に出ていく。二度と帰って来られないかもしれないという覚悟で旅だった恵子やアキコの時代と隔世の感があり、もはや故郷も異郷もない時代となったのかもしれない。どんな形であれ、外国に出て行き外の世界に触れるのは、内向きになって自分の国から出たがらないのより、ずっといい。

世界各地には一人で事業を起こし、たくましく生きている日本人も少なくないだろう。彼らにとって日本は、いずれ帰る所として心の拠り所になっているのだろうか。それとも、もう日本など必要でなくなっているのか。日本になどいなくても、世界中どこでも生きていけるという新世代が生まれているとすれば、それは大切なもの、手をかけて育てているもの、断ち難い絆や愛着を多く持ちながらも、今いる「ここが一番」、「これが一番」と、元気に躍動する「個」で選び出した生き方であることを願う。

世の中には取り立てて大切なものなどないから、どこで生きても同じ。すべてが「異郷」という白けた諦めの「孤」ゆえでないことを、切に願う。

あとがき——シンクロニシティ

「巡り合わせ」という言葉がある。後から考えてみると、東日本大震災があの時、あのタイミングで起こったのは、私の人生にとって一つの「巡り合わせ」だったのかもしれない。七十歳を前にして、そろそろ仕事を減らしていかなければと考えながらも、なかなかそれができないでいた時だった。そんな中、震災、特に原発事故で国際会議が次々と中止になったことで、好むと好まざるとにかかわらず仕事がなくなってしまったのだ。それならば、いつかやりたいと思っていた「日本人と望郷の心」について書くというプロジェクトをこの際前倒しでスタートさせよう。そう思ってブエノス・アイレスに向かったのが二〇一二年の一月初め。まわりの者を呆れさせたこの「暴挙」は、しかし私にとってはそれほど「突拍子もないこと」ではなかった。何か動き出しそうな予兆は、実はすでに震災の半年前、二〇一〇年九月にあったのだ。

その九月、私は平城遷都千三百年記念事業の一つとして、奈良で開催された世界宗教者平和会議の通訳のため奈良に出向いていた。二日目、会議が比較的早く終わったので、タクシーで平城京跡に向かった。仕事で国内外あちこちに出張するが、観光などめったにしない。滞在中には仕事の準備に追われ、仕事が終わったころにはひたすら家に帰りたくなっている。それなのにホテルに戻って休息する代わりに一人で夕暮れの平城京に足を向けたのは、何かが私を引き寄せたのだと思っている。

たとえばそれは、五十年前、高校一年秋の遠足で見た平城京跡の茫洋たる風景。夕陽のなかで果てしなく波打つススキの原っぱ。一帯は黄金色に包まれ、なぜか不思議に懐かしい空間だった。娘が生まれた時迷うことなく「茜」と名付けたのも、頭のどこかにずっとあの万葉集の世界があったからだろう。

あかねさす　紫野ゆき　標野ゆき　野守は見ずや　君が袖振る

「待っていましょうか」という車を返し、暮れなずむ平城京跡の少し高くなった一角に一人ポツンと座って、沈みゆく太陽がくっきりと描き出す山々の稜線を心ゆくまで眺めながら、気がつくと私は心の中でささやいていた。「みかの原　わきて流るる　いづみ川　いつみきとてか　恋しかるらむ」。会ったこともないのに、なぜこんなに恋しく感じるのか。あなたはどこ？　誰？

翌日、会議は閉会式を迎え、最後を飾ってシンセサイザーの生演奏があった。能楽堂にろうろうと響き渡る「在日地球人」キム・シンさんの演目は、「ふるさと」。天空の世界を飛翔するかような迫力の演奏に私は胸がいっぱいになり、予期せぬことに涙が溢れ出てきた。前日の平城京跡での不思議な心の動きもあり、私は「ついにふるさとに舞い戻ってきたのだ」と信じそうになっていた。

東京に戻る新幹線のなかで、まるで初めて見るかのように日本の農村の美しさに気がついた。いつも仕事の資料を読みながらの旅で、外の景色に目をやる余裕もない。あるいは仕事を終え寝不足と疲れでぐったりして、皮脂の浮かんだ居眠り顔を夜の車中に晒している。でも、昼間、心も目覚めてしっかり見ているとこんなに美しいのだ！　黄金色に続く稲田。こんもり緑の鎮守の森。頭の中ではシンセサイザーの「ふるさと」が押し寄せる波のように力強く響き続け、私は心を躍らせて車窓の景色に目を奪われていた。

翌日、別の仕事でクラシック・ギターのアントニオ古賀の生演奏を聴く機会があった。一曲目は、「ふるさと」！　何かが私にメッセージを送ろうとしているのか！　キム・シンさんとはまた違う、震えるような繊細な調べだった。二曲目、私は息を呑んだ。「月の砂漠」。平山郁夫画伯の、月の砂漠を行くラクダの絵が次々と目に浮かび、画伯が主宰されたシルクロード遺跡保存会議の通訳のため二〇〇二年、西安に行った時のことを思い出したのだ。先生が修復にたずさわられた唐の都の跡にも足をのばした。そう、平城京のモデルになった都だ。演奏を聴きながら、私は何かがぐるりと一巡してきたと感じた。確かに何かが私にメッセージを送ろうとしている?!　耳を澄ませて、心を澄ませて、メッセージを聞き取って！

そして、年が明けて三月十一日。あの日から「ふるさと」の歌声が湧きあがるのを何度耳にしたことか。家族も家も故郷も失ってしまった人たちの心を想って、国内のチャリティー・コンサートでも外国に住む日本人による義援金集めのイベントでも、最後は「ふるさと」の合唱が会場に木霊した。

大災害の後、大勢の人たちが故郷を離れることを余儀なくされた。かろうじて家族は生き残ったとしても、家も集落も生活の糧も流され、故郷から遠く離れた地で心に大きな空洞を抱えて仮住まいの日々を送っている人たち。みんな一様に早く帰りたいと言う。

なぜ、そんなに東北に固執するのだろう。同じ日本の中じゃないか、東京でも静岡でも会津でもいいじゃないか、と思った人もいるかもしれない。でも、私には彼らの気持ちが痛いほど分かった。同じ地球上なのに、オーストラリアでもアメリカでもチリでもダメで、どうしても日本に帰りたかった私には。

遠慮なく揺れ続ける大地と、いつ果てるとも分からぬ原発との戦いの日々に、私の心に寄り添ってくれた一冊の本『光の指で触れよ』（池澤夏樹）の中で次の一節に巡り合ったとき、前年の奈良の秋から感じてきたはるか遠くから来る呼びかけは、まさしく私に送られてきたメッセージであると確信した。

「『……なぜかこの時期にそういうきっかけがいくつも来た』

そういうものなのよ、人生は。シンクロニシティーね。

どこかに天の中央郵便局みたいなところがあって天使たちが運命を配信している。偶然まかせではなく、ちょっと工夫して、同じような運命をまとめて一人の相手に送ることがある。だから偏りが生じて時に運命は大きく変わるの」。

まるで示し合わせたかのように、関連性のあることが同時並行的に次々と起こっていく。人間が発するエネルギーが宇宙を飛び交い、ぶつかり整列して、無数の光のビーム線となってこちらに向かって収斂されてくる。私はそんな鮮烈なイメージを持った。

今回、「ふるさと」の木霊とともに天使たちが私にまとめて配信してきた運命とは何なのか？　私は心の中にずしんと響くものを感じていた。

ふるさと。ふるさとを探す旅にでよ。

その旅を終えた今、私は探していたものを少し見つけたと思う。ふるさと、居場所、そして行方不明になっていた自分自身を、ちょっぴり。

篠田顕子（しのだ・あきこ）
1943年8月、第二次大戦中、疎開先の大阪府下の田舎町で生まれる。戦後、小学5年より海運会社勤務の父親の転勤により、香港、アルゼンチン、ロンドンと国内外を移り住む。1966年、国際基督教大学（ICU）を卒業後米国人と結婚し、アメリカ、チリ、オーストラリアなどで約15年間生活。最終的に日本を「居場所」と定めて1980年代前半に帰国以来、同時通訳者としてＮＨＫの報道番組や国際会議の通訳を務めて現在に至る。この間のことを著わした著作に、『愛の両がわ』（原書房）や『英語リスニング・クリニック』（研究社）などがある。
本書に登場する原恵子さんとは、大戦中両家の父親が赴任地シンガポールで一緒だったことからお付き合いが始まり、終戦後の厳しい時代やその後のアルゼンチンでの再会などを通して、75年にわたる関係を深化させてきた。
現在、娘一家と東京在住、週末は山梨県で農業の真似事をして楽しんでいる。

原家の砂時計

—居場所を求める百年の旅路—

2016年8月10日　初版発行

著　者　　篠田顕子
装　丁　　岸　顯樹郎
発行者　　長岡正博
発行所　　悠　書　館

〒113-0033 東京都文京区本郷 2-35-21-302
TEL 03-3812-6504　FAX 03-3812-7504
http://www.yushokan.co.jp/

印刷・理想社；製本・新広社

ISBN978-4-86582-014-0
定価はカバーに表示してあります。

アリスの奇跡

――ホロコーストを生きたピアニスト――

途方もない悪と憎悪に蹂躙されながらも、音楽を心の糧に、そして唯一の武器として、誇らかに生きつづけた一人の女性の、驚嘆すべき人生の物語。

C・ステシンジャー＝著
谷口由美子＝訳
四六判３０４ページ
２２００円＋税

スパイにされた日本人

――時の壁をこえて紡ぎなおされた父と娘の絆――

日英開戦前夜に英国政府に不当逮捕され、６年の拘留後日本に強制送還された父。生き別れて半世紀余り、娘は父の本当の姿を知りたいと思い立つ……

エドナ・エグチ・リード＝著
加藤恭子・平野加代子＝訳
四六判２４８ページ
２０００円＋税

西洋【珍】職業づくし

――数奇な稼業の物語――

たっぷりとスパイスを効かせた文章と、アイロニーにあふれた挿絵でお届けする、人の世の身過ぎ世過ぎの、栄枯盛衰の物語。

ミヒャエラ・フィーザー＝著
イルメラ・シャウツ＝挿画
吉田正彦＝訳
四六判２８８ページ
２８００円＋税

ロンドン貧乏物語

――ヴィクトリア時代呼売商人の生活誌――

口八丁手八丁でありとあらゆる物を売りつける商人たちの悲喜こもごもの生きざまを紹介。貧しき者たちの哀歓を臨場感豊かに描いた不朽の名作！

ヘンリー・メイヒュー＝著
植松靖夫＝訳
四六判３８４ページ
２２００円＋税